LATEIN
Grammatik

...leicht gemacht!

Dr. Frank Bubel, Peter Völk

Compact Verlag

Chefredaktion: Dr. Angela Sendlinger
Redaktion: Iris Glahn
Fachredaktion: Sven Rausch
Produktion: Wolfram Friedrich
Gestaltung: Axel Ganguin
Umschlaggestaltung: Inga Koch

ISBN-13: 978-3-8174-7589-6
ISBN-10: 3-8174-7589-6
7375892

Besuchen Sie uns im Internet: www.compactverlag.de

Die Reihe „Leicht gemacht“ vermittelt einen schnellen und umfassenden Einblick in Sprache und Grammatik. Mit dieser Kombination aus Nachschlagewerk und Übungsbuch kann man grammatische Unklarheiten gezielt beseitigen und das neue Wissen sofort anwenden.

„Latein Grammatik – leicht gemacht“ richtet sich an Schüler und Studenten, die ihre Grammatikkenntnisse erweitern beziehungsweise auffrischen wollen. Der Band enthält 13 thematisch abgeschlossene Kapitel, in denen alle wichtigen Gesetzmäßigkeiten auf einprägsame Weise vermittelt werden. Zahlreiche treffende Beispiele veranschaulichen die dargestellten Inhalte und erleichtern das Verständnis.

Am Ende eines jeden Kapitels findet sich eine Doppelseite Übungen, anhand derer sich der gelernte Stoff überprüfen lässt. Ein ausführlicher Lösungsteil gewährleistet eine selbstständige Erfolgskontrolle.

Die zweifarbige Gestaltung sowie die Verdeutlichung wichtiger Sachverhalte in Tabellenform schaffen zusätzliche Übersichtlichkeit. Der rasche Zugriff auf spezielle Sachfragen wird durch ein ausführliches Register der grammatischen Fachbegriffe erleichtert.

Dieser anwenderfreundliche Grammatikband beantwortet sicher und zuverlässig alle Fragen zu Aufbau und Gliederung des Lateinischen.

Viel Erfolg!

INHALTSVERZEICHNIS

DAS SUBSTANTIV

Das Substantiv oder Hauptwort gehört zu der Kategorie der Wortarten. Der gesamte Wortschatz des Lateinischen lässt sich in bestimmte Wortarten unterteilen. Betrachtet man diese Wortarten genauer, so stellt man fest, dass sich die einen beugen bzw. verändern lassen. Man nennt diese Gruppe flektierbare Wortarten. Die anderen hingegen sind unbeugbar bzw. unveränderbar. Man spricht von nicht flektierbaren Wortarten.

Das Substantiv gehört zu den flektierbaren Wortarten, genau wie das Adjektiv (Eigenschaftswort), das Pronomen (Fürwort) und ein Teil der Numeralien (Zahlwörter). Insgesamt werden sie als Nomen, ihre Flexion als Deklination bezeichnet. Ebenfalls in diese Gruppe gehören die Verben (Zeitwörter), deren Flexion als Konjugation bezeichnet wird.

Zu den nicht flektierbaren Wortarten zählen Adverb (Umstandswort), Präposition (Verhältniswort) und Konjunktion (Bindewort); sie werden in ihrer Gesamtheit Partikeln (Redeteile) genannt.

INFOKASTEN

Im Lateinischen gibt es weder einen bestimmten noch einen unbestimmten Artikel (Geschlechtswort):

verbum **das, ein Wort**

Auf den folgenden Seiten wird als erste Wortart das Substantiv genauer vorgestellt. Substantive sind Wörter, die Lebewesen und Gegenstände, aber auch nicht gegenständliche (d. h. abstrakte) Begriffe bezeichnen. Sie lassen sich folglich in zwei große Hauptgruppen unterteilen: in Konkreta (Gegenstandswörter) und Abstrakta (Begriffswörter).

Konkreta und Abstrakta lassen sich hinsichtlich Genus (Geschlecht), Kasus (Fall) und Numerus (Zahl) bestimmen. Es gibt drei Geschlechter: das maskuline (männliche) Geschlecht, das feminine (weibliche) Geschlecht und das neutrale (sächliche) Geschlecht. Des Weiteren existieren sechs Fälle (Nominativ, Genitiv, Dativ, Akkusativ, Ablativ, Vokativ). Zudem gibt es zwei Numeri: der Singular (Einzahl) und der Plural (Mehrzahl).

1. Der Kasus des Substantivs

Die Kasus (Fälle) kennzeichnen die grammatische Funktion des Substantivs im Satz und lassen sich durch entsprechende Fragen ermitteln.

INFOKASTEN

Im Gegensatz zum Deutschen kennt das Lateinische sechs Kasus:

– Nominativ	(1. oder Werfall)	Wer? Was?
– Genitiv	(2. oder Wesfall)	Wessen?
– Dativ	(3. oder Wemfall)	Wem?
– Akkusativ	(4. oder Wenfall)	Wen? Was?
– Ablativ		Womit? Wodurch? Wovon? Wann?
– Vokativ		(bei der Anrede)

2. Die Deklination des Substantivs

Wie alle lateinischen Nomen (Nennwort) wird auch das Substantiv dekliniert, indem an den Wortstamm (er lässt sich ermitteln, indem von der Form des Genitiv Plural die Endung abgetrennt wird) bestimmte Suffixe (Endungen) angefügt werden. Besonderes Kennzeichen des Lateinischen ist hierbei, dass für nahezu alle Kasus in beiden Numeri eine gesonderte Endung vorhanden ist.

Folgendes ist aber zu beachten: Substantive, die ihrem grammatischen Geschlecht nach Neutra sind, haben im Akkusativ jeweils dieselbe Endung wie im Nominativ (1):

		Singular	Plural
(1)	Nominativ	*fulgur* **der, ein Blitz**	*fulgura* **(die) Blitze**
	Akkusativ	*fulgur* **den, einen Blitz**	*fulgura* **(die) Blitze**

Der Dativ Plural stimmt ohne Ausnahme mit dem Ablativ Plural überein (2):

(2)	Dativ Plural	*manibus*	**den Händen**
	Ablativ Plural	*manibus*	**mit den Händen**

Der Vokativ wird vor allem bei Personen verwendet, aber auch bei anderen konkreten und abstrakten Substantiven, wenn sie angeredet werden. Seine Form ist immer mit der des Nominativs identisch (3):

(3) *Egredere ex urbe, Catilina!* **Verlass die Stadt, Catilina!**
Audi bene, Iulia! **Hör gut zu, Julia!**

INFOKASTEN

Ausnahme: Die auf *-us* endenden Substantive der 2. Deklination bilden den Vokativ Singular mit *-e* (4):
(4) *Cur, Marce, hoc fecisti?* **Warum hast du das getan, Markus?**

Der Bestand an Substantiven lässt sich fünf Deklinationen zuordnen, die im Folgenden beschrieben werden.

1. Deklination: (epistula – der, ein Brief)

	Singular	Plural
Nominativ	*epistul-a*	*epistul-ae*
Genitiv	*epistul-ae*	*epistul-arum*
Dativ	*epistul-ae*	*epistul-is*
Akkusativ	*epistul-am*	*epistul-as*
Ablativ	*epistul-a*	*epistul-is*

2. Deklination: (amicus – der, ein Freund)

	Singular	Plural
Nominativ	*amic-us*	*amic-i*
Genitiv	*amic-i*	*amic-orum*
Dativ	*amic-o*	*amic-is*
Akkusativ	*amic-um*	*amic-os*
Ablativ	*amic-o*	*amic-is*

Nach dem Muster der 2. Deklination werden auch die Substantive auf *-r* gebeugt (5). Zumeist weisen sie im Nominativ Singular ein eingeschobenes *-e-* auf (6):

(5)	*vir, vir-i …*	**der, ein Mann/des, eines Mannes**
(6)	*lib-e-r, libr-i …*	**das, ein Buch/des, eines Buches**

Bei folgenden Substantiven geht dem *-r* in allen Kasus ein *-e-* voraus:

gener	**der, ein Schwiegersohn**
puer	**der, ein Junge**
socer	**der, ein Schwiegervater**
vesper	**der, ein Abend**
Nur im Plural gebräuchlich:	
liberi	**(die) Kinder**

Die Substantive auf *-um* werden nach dem Muster der 2. Deklination gebeugt (7). Sie sind Neutra und haben im Nominativ und Akkusativ Plural die Endung *-a* (8):

(7)	Nom. Sg.	*pericul-um*	**die, eine Gefahr**
	Akk. Sg.	*pericul-um*	**die, eine Gefahr**
	Gen. Sg.	*pericul-i*	**der, einer Gefahr**
(8)	Nom. Pl.	*pericul-a*	**(die) Gefahren**
	Akk. Pl.	*pericul-a*	**(die) Gefahren**

3. Deklination: (orator – der, ein Redner)

	Singular	Plural
Nominativ	*orator*	*orator-es*
Genitiv	*orator-is*	*orator-um*
Dativ	*orator-i*	*orator-ibus*
Akkusativ	*orator-em*	*orator-es*
Ablativ	*orator-e*	*orator-ibus*

INFOKASTEN

In dieser Deklination kann die Form des Nominativs von der Form der übrigen Kasus, abgesehen von den unterschiedlichen Endungen, lautlich stark abweichen. Das ist einer der Gründe, weshalb es zweckmäßig ist, sich zur Bedeutung eines jeden Wortes zugleich dessen Genitivform einzuprägen.

Die Unterschiede der Lautstruktur lassen sich in folgende Bildungstypen zusammenfassen. Gegenüber der Nominativform ist beim Wortstamm ein Vokal ausgefallen (9), in der Klangfarbe (10) oder in der Länge verändert (11) bzw. ist ein Konsonant weggefallen (12), hinzugekommen (13) oder hat sich verändert (14):

	Nominativ	Genitiv	
(9)	*pater*	*patr-is*	**Vater**
(10)	*omen*	*omin-is*	**Vorzeichen**
(11)	*orator*	*orator-is*	**Redner**
(11) (14)	*honos*	*honor-is*	**Ehre**
(12)	*hiems*	*hiem-is*	**Winter**
(13)	*opinio*	*opinion-is*	**Meinung**
(13) (10)	*magnitudo*	*magnitudin-is*	**Größe**
(14) (10)	*tempus*	*tempor-is*	**Zeit**
(14)	*lex*	*leg-is*	**Gesetz**
(14)	*libertas*	*libertat-is*	**Freiheit**

Eine Gruppe von Substantiven der 3. Deklination bildet den Genitiv Plural auf *-ium*. Es sind genau die Substantive, die im Nominativ Singular auf *-es* (15) oder *-is* (16) enden, und solche, deren Wortstamm auf zwei (17) oder mehr (18) Konsonanten endet:

	Nom. Sg.	Gen. Sg.	Gen. Pl.	
(15)	*nubes*	*nub-is*	*nub-ium*	**Wolke**
(16)	*civis*	*civ-is*	*civ-ium*	**Bürger**
(17)	*urbs*	*urb-is*	*urb-ium*	**Stadt**
(18)	*venter*	*ventr-is*	*ventr-ium*	**Bauch**

INFOKASTEN

Folgende Substantive auf *-is* bilden den Genitiv Plural auf *-ium*, den Akkusativ Singular auf *-im* und den Ablativ Singular auf *-i:*

febris, febris	**Fieber**	*sitis, sitis*	**Durst**
puppis, puppis	**Achterdeck**	*turris, turris*	**Turm**
securis, securis	**Beil**	*tussis, tussis*	**Husten**

Die Substantive auf *-al* (19), *-ar* (20), *-e* (21) sind dem grammatischen Geschlecht nach Neutra und bilden nicht nur den Genitiv Pl. auf *-ium,* sondern auch den Nominativ sowie Akkusativ Plural auf *-ia* und den Ablativ Singular auf *-i:*

Nom. Sg.	(19)	*animal*	(20)	*calcar*	(21)	*mar-e*
		Lebewesen		**Sporn**		**Meer**
Abl. Sg.		*animal-i*		*calcar-i*		*mar-i*
Nom. Pl.		*animal-ia*		*calcar-ia*		*mar-ia*
Akk. Pl.		*animal-ia*		*calcar-ia*		*mar-ia*
Gen. Pl.		*animal-ium*		*calcar-ium*		*mar-ium*

4. Deklination: (casus – der, ein Fall)

	Singular	Plural
Nominativ	*cas-us*	*cas-us*
Genitiv	*cas-us*	*cas-uum*
Dativ	*cas-ui*	*cas-ibus*
Akkusativ	*cas-um*	*cas-us*
Ablativ	*cas-u*	*cas-ibus*

Die Substantive der 4. Deklination auf *-u* sind dem grammatischen Geschlecht nach Neutra und bilden folglich den Akkusativ Singular ebenfalls auf *-u,* ferner den Nominativ und Akkusativ Plural auf *-ua* (22):

(22)	Nom. Sg.	*corn-u*	**das, ein Horn**
	Akk. Sg.	*corn-u*	**das, ein Horn**
	Nom. Pl.	*corn-ua*	**(die) Hörner**
	Akk. Pl.	*corn-ua*	**(die) Hörner**

5. Deklination: (res – die, eine Sache)

	Singular	Plural
Nominativ	*r-es*	*r-es*
Genitiv	*r-ei*	*r-erum*
Dativ	*r-ei*	*r-ebus*
Akkusativ	*r-em*	*r-es*
Ablativ	*r-e*	*r-ebus*

3. Das Genus des Substantivs

Die Ausdrücke für menschliche Wesen weisen unabhängig von ihrer Endung das natürliche Geschlecht auf (1):

(1)	*pater, patris* (m.)	**Vater**
	mater, matris (f.)	**Mutter**

Die Namen von Flüssen haben maskulines Geschlecht (2):

(2)	*Isara amplus*	**die breite Isar**

Die Bezeichnungen für Bäume sind feminin (3):

(3)	*quercus alta*	**die, eine hohe Eiche**

Maskulin sind die Substantive der 2. Deklination auf *-us* (4) und *-r* (5):

(4)	*dominus iniustus*	**der, ein ungerechte(r) Herr**
(5)	*magister severus*	**der, ein strenge(r) Lehrer**

INFOKASTEN

Ausnahmen: Neutra sind *virus* (Gift) und *vulgus* (Volk). Die Namen von Ländern (6), Inseln (7) und Orten (8) sind feminin, ebenso wie das Wort *humus* (Boden).

(6)	*Aegyptus calida*	**das heiße Ägypten**
(7)	*Delus amoena*	**das liebliche Delos**
(8)	*Peloponnesus celebra*	**die viel besuchte Peloponnes**

Maskulin sind des Weiteren die Substantive der 3. Deklination auf *-er* (9), *-or* (10), *-os* (11), ferner *sal, salis* (Salz) und *sol, solis* (Sonne):

(9)	*agger firmus*	**der, ein feste(r) Damm**
(10)	*amor fervidus*	**die, eine glühende Liebe**
(11)	*flos tener*	**die, eine zarte Blüte**

INFOKASTEN

Ausnahmen: Feminin ist *arbor, arboris* (Baum). Neutra sind *aequor, aequoris* (Fläche, Meer), *os, oris* (Mund) und *iter, itineris* (Reise, Weg).

Als maskulin gelten schließlich ebenfalls die Substantive der 4. Deklination auf *-us* (12):

(12)	*metus magnus*	**große Furcht**
	portus bellus	**schöner Hafen**
	passus pernix	**schneller Schritt**

INFOKASTEN

Ausnahmen: Feminin sind die Begriffe *domus* (Haus), *manus* (Hand), *porticus* (Säulenhalle) und *tribus* (Stadtteil).

Als feminin werden außerdem die Substantive der 1. Deklination auf *-a* (13) bezeichnet:

(13)	*terra aliena*	**fremdes Land**
	amica cara	**teure Freundin**
	causa vera	**wahrer Grund**

INFOKASTEN

Feminin sind auch die Substantive der 3. Deklination auf *-as* (14), *-es* (15), *-is* (16), *-us* (17), *-o* (18), *-s* mit vorhergehendem Konsonanten (Mitlaut) (19) und auf -x (20). Ebenfalls feminin sind *fraus, fraudis* (Betrug) und *laus, laudis* (Lob):

(14)	***tempestas, tempestatis***	**Sturm**
(15)	***quies, quietis***	**Ruhe**
(16)	***navis, navis***	**Schiff**
(17)	***servitus, servitutis***	**Knechtschaft**
(18)	***oratio, orationis***	**Rede**
(19)	***hiems, hiemis***	**Winter**
(20)	***pax, pacis***	**Friede**

INFOKASTEN

Zur Gruppe der Maskulina zählen:

pes, pedis	**Fuß**
limes, limitis	**Grenze**
paries, parietis	**Wand**
cinis, cineris	**Asche**
collis, collis	**Hügel**
fascis, fascis	**Bündel**
finis, finis	**Grenze**
lapis, lapidis	**Stein**
mensis, mensis	**Monat**
orbis, orbis	**Kreis**
piscis, piscis	**Fisch**
pulvis, pulveris	**Staub**
sanguis, sanguinis	**Blut**
leo, leonis	**Löwe**
ordo, ordinis	**Ordnung**
sermo, sermonis	**Sprache**
dens, dentis	**Zahn**
fons, fontis	**Quelle**
mons, montis	**Berg**
pons, pontis	**Brücke**
grex, gregis	**Herde**

Abschließend werden auch alle Substantive, die auf *-ex* (21) enden, als maskulin bezeichnet.

(21)	*cortex siccus*	**trockene Rinde**

Zur Gruppe der Feminina werden ebenso die Substantive der 5. Deklination gezählt (22):

(22)	*spes nova*	**neue Hoffnung**

INFOKASTEN

Die Bedeutungen der einzelnen Wörter bestimmen das Geschlecht:

dies (m.)	**Tag**
dies (f.)	**Termin**
meridies (m.)	**Mittag**

Neutra sind die Substantive der 2. Deklination auf *-um* (23):

(23) *donum pretiosum*	**ein kostbares Geschenk**

Neutra sind auch die Substantive der 3. Deklination auf *-al* (24), *-ar* (25), *-ur* (26), *-us* (27), *-e* (28) und *-men* (29):

(24) *animal, animalis*	**Lebewesen**
(25) *calcar, calcaris*	**Sporn**
(26) *femur, femuris*	**Schenkel**
(27) *facinus, facinoris*	**Tat**
(28) *mare, maris*	**Meer**
(29) *agmen, agminis*	**Schar**

Neutra sind schließlich die Substantive der 4. Deklination auf *-u* (30):

(30) *cornu acutum*	**ein spitzes Horn**

INFOKASTEN

Neutra sind ferner:

aes, aeris	**Erz**
caput, capitis	**Haupt**
cor, cordis	**Herz**
ius, iuris	**Recht**
lac, lactis	**Milch**
mel, mellis	**Honig**
os, ossis	**Knochen**
vas, vasis	**Gefäß**
ver, veris	**Frühling**

ÜBUNGEN: DAS SUBSTANTIV

1. BILDEN SIE DEN PLURAL!
(es kann mehr als eine Möglichkeit geben)

a. epistulam ____________________
b. amico ____________________
c. pueri ____________________
d. periculum ____________________
e. oratore ____________________
f. honos ____________________
g. tempus ____________________
h. casus ____________________
i. civis ____________________
j. rei ____________________
k. genero ____________________

2. WIE LAUTET DER SINGULAR DES JEWEILIGEN KASUS?
(es kann mehr als eine Möglichkeit geben)

a. amicis
____
b. viri
____
c. oratores
____
d. honoribus
____
e. securium
____
f. leges
____
g. res
____
h. animalium
____

3. WELCHER KASUS LIEGT VOR?
(es kann mehr als eine Möglichkeit geben)

a. turrim ____________________
b. tussis ____________________
c. libertate ____________________
d. patres ____________________
e. cornua ____________________
f. casus ____________________

4. WELCHE DER FORMEN SIND ABLATIVE? BILDEN SIE DEN PLURAL!

a. genere ____________________
b. amici ____________________
c. lege ____________________
d. periculo ____________________
e. casu ____________________
f. cornu ____________________
g. tempori ____________________
h. opinione ____________________

5. WELCHE DER FORMEN SIND VOKATIVE? WIE LAUTET DER NOMINATIV?

a. domine ____________________
b. omine ____________________
c. die ____________________
d. amice ____________________

6. WELCHE DER FORMEN SIND AKKUSATIVE? ÄNDERN SIE DEN NUMERUS!

a. ominum ____________________
b. epistula ____________________

c. animalia ____________________
d. rerum ____________________
e. urbium ____________________
f. tempus ____________________
g. opiniones ____________________
h. omina ____________________
i. oratorum ____________________
j. leges ____________________
k. civium ____________________

7. BEACHTEN SIE DEN NUMERUS UND SETZEN SIE DAS WORT IN DEN GENITIV!

a. cive ____________________
b. oratori ____________________
c. periculum ____________________
d. tempestatibus ____________________
e. pulvere ____________________
f. dente ____________________
g. femora ____________________

8. WELCHE FORM PASST NICHT ZU DEN ÜBRIGEN KASUS?

a. scientia-lege-casu-cornu-re
b. animalia-res-casus-honos-dominos
c. legis-urbis-amicis-navis
d. patri-generi-soceri-domini
e. omine-domine-amice-Catilina
f. viro-spei-navi-dente
g. rei-epistulae-res-periculi
h. amice-urbe-domine-Marce

9. WIE LAUTET DIE FORM DES SUBSTANTIVS, DIE ZU DEN ANDEREN WORTARTEN PASST?

a. res-pericula-viri
____________________ (urbs)
b. oratori-socero-epistulae
____________________ (navis)
c. casus-rei-navis
____________________ (dominus)
d. mare-res-cornu
____________________ (animal)
e. animali-viro-epistulae
____________________ (casus)

10. WELCHE FORM PASST NICHT ZU DEN ÜBRIGEN GENERA?

a. pueri-virorum-quercus-oratores
b. tempus-casus-dominus-amor
c. virus-fulgur-vir-omen
d. Aegypti-aggerem-patres-pueros
e. magister-mater-quieti-pacem

11. DIE ANFANGSBUCHSTABEN DER AKKUSATIVPLURALFORMEN ERGEBEN EINEN RÖMISCHEN PERSONENNAMEN!

gregis-calcaria-lapidis-agmina-epistula-turris-tempestates-iura-oratorum-leges-omen-iura-patris-nubes-sitis-amicos

12. BILDEN SIE DIE GENITIVPLURALFORM!

a. honos ____________________
b. civis ____________________
c. orator ____________________
d. pater ____________________
e. epistula ____________________
f. vir ____________________
g. virtus ____________________
h. tempus ____________________
i. opinio ____________________

DAS ADJEKTIV

Dem Adjektiv (Eigenschaftswort) kommt die Aufgabe zu, ein Substantiv näher zu bestimmen, indem es ihm eine Eigenschaft zuweist. Es kann attributiv und prädikativ verwendet werden.

Als Attribut steht das Adjektiv bei einem Substantiv, mit dem es in Kasus, Genus und Numerus übereinstimmt (1):

(1)	*oratio languida*	**langweilige Rede**

INFOKASTEN

Eine feste Regel für die Stellung des Adjektivs lässt sich nicht angeben. Üblich ist es jedoch, Adjektive, durch die der sachliche Gehalt der Substantivbedeutung mitbestimmt wird, dem Substantiv nachzustellen (2). Adjektive hingegen, die einen wertenden Charakter enthalten, werden ihm vorangestellt (3):

(2)	***bellum civile***	**Bürgerkrieg**
(3)	***bona valetudo***	**guter Gesundheitszustand**

In prädikativer Verwendung bildet das Adjektiv entweder als Prädikatsnomen zusammen mit einem Hilfsverb das Prädikat des Satzes (4) oder es gibt als Prädikativum den Zustand des Handlungsträgers zum Zeitpunkt der Verbalhandlung an (5). Das Adjektiv richtet sich in Kasus, Numerus und Genus nach dem Subjekt des Satzes:

(4)	*Oculus caecus est.*	**Das Auge ist blind.**
(5)	*Liberi laeti revenerunt.*	**Die Kinder kamen fröhlich zurück.**

1. Das Genus des Adjektivs

Bei den Adjektiven unterscheidet man zwischen solchen, die für jedes Geschlecht eine gesonderte Endung haben, also dreiendig sind, und solchen, die eine Form für das Neutrum und eine gemeinsame für Maskulinum und Femininum haben, also zweiendig sind. Daneben gibt es noch die einendigen Adjektive, die für alle drei Geschlechter dieselbe Endung haben.

Zu den dreiendigen Adjektiven gehören alle Adjektive der 2. und 1. Deklination, wenn ihre maskuline Form auf *-us* (1) oder *-r* (2) endet:

(1)	*dur-us* (m.)	*dur-a* (f.)	*dur-um* (n.)	**hart**
(2)	*sacer* (m.)	*sac-ra* (f.)	*sac-rum* (n.)	**heilig**

Zu den dreiendigen Adjektiven gehören zu einen gewissen Teil auch die Adjektive der 3. Deklination (3):

(3)	*alacer* (m.)	*alacr-is* (f.)	*alacr-e* (n.)	**heftig**

Die zweiendigen (4) und einendigen (5) Adjektive gehören allesamt der 3. Deklination an:

(4)	*lev-is* (m., f.)	*lev-e* (n.)	**leicht**
(5)	*simplex* (m., f., n.) (Gen. Sg. simplic-is)		**einfach**

2. Die Deklination des Adjektivs

Es gibt nur Adjektive der 1., 2. und 3. Deklination. Die Adjektive der 1. und 2. Deklination sind dreiendig und werden im Einzelnen genauso dekliniert wie die entsprechenden Substantive der 2. und 1. Deklination, also *dura* wie *epistula, durus* wie *amicus, durum* wie *periculum* und *sacer* wie *liber.*

INFOKASTEN

Bei folgenden Adjektiven auf *-r* bleibt das vorangehende *e* in allen Formen erhalten:

asper	*aspera*	*asperum*	**rau**
frugifer	*frugifera*	*frugiferum*	**fruchtbringend**
liber	*libera*	*liberum*	**frei**
miser	*misera*	*miserum*	**elend**
tener	*tenera*	*tenerum*	**zart**

Die Adjektive der 3. Deklination sind zwei- und einendig. Diese zwei- und einendigen Adjektive werden im Lateinischen jeweils in Entsprechung zu dem folgenden Beispiel *celer* (schnell) dekliniert.

		Singular		Plural	
	m.	f.	n.	m., f.	n.
Nom.	*celer*	*celer-is*	*celer-e*	*celer-es*	*celer-ia*
Gen.		*celer-is*			*celer-ium*
Dat.		*celer-i*			*celer-ibus*
Akk.		*celer-em*	*celer-e*	*celer-es*	*celer-ia*
Abl.		*celer-i*			*celer-ibus*

INFOKASTEN

Eine kleine Gruppe von einendigen Adjektiven bildet den Ablativ Singular auf *-e,* den Genitiv Plural auf *-um* und den Nominativ sowie den Akkusativ Plural Neutrum auf *-a.* Sie weisen in diesen Formen nicht wie die anderen Adjektive der 3. Deklination ein *-i-* auf und gehören daher zu den Konsonantenstämmen. Diese Ausnahmen müssen am besten auswendig gelernt werden. Hierzu gehören folgende Adjektive:

dives *(Gen. Sg.* ***divitis)***	**reich**
pauper (pauperis)	**arm**
particeps (participis)	**teilhaftig**
princeps (principis)	**erstrangig**
vetus (veteris)	**alt**
compos (compotis)	**mächtig (einer Sache)**
superstes (superstitis)	**überlebend**
sospes (sospitis)	**wohlbehalten**

3. Die Steigerung des Adjektivs

Personen oder Sachen können nur hinsichtlich ihrer Eigenschaften miteinander verglichen werden. Folgerichtig ist das Adjektiv inhaltlicher Bezugspunkt und gleichzeitig formaler Träger eines Vergleichs (Komparation).

INFOKASTEN

Wie im Deutschen lassen sich im Lateinischen unter Einbeziehung der Bezugsmenge drei Stufen des Vergleichs unterscheiden:

– Positiv (Grundstufe):	– Vergleich mit einer anderen Person oder Sache; die Eigenschaft ist in gleichem Maße vorhanden.
– Komparativ (Höherstufe):	– Vergleich mit einer bestimmten anderen Person oder Sache; die Eigenschaft ist in höherem Maße vorhanden.
– Superlativ (Höchststufe):	– Vergleich mit einer Gruppe anderer Personen oder Sachen; die Eigenschaft ist im höchsten Maße vorhanden.

Die Umwandlung eines Adjektivs von der Grundform in den Komparativ oder in den Superlativ wird auch als seine *Steigerung* bezeichnet.

Der Komparativ wird gebildet, indem man das Adjektiv im Maskulinum und Femininum mit *-ior* (1), im Neutrum mit *-ius* (2) erweitert, zu sehen am folgenden Beispiel von *amplus, -a, -um* (geräumig).

(1)	***domus amplior***	**ein geräumigeres Haus**
(2)	***aedificium amplius***	**ein geräumigeres Gebäude**

Die Deklination dieses Bildemittels erfolgt nach dem Muster der Adjektive, die zu den Konsonantenstämmen gehören (vgl. S. 20). Die durch dieses Bildemittel erweiterten Adjektive sind als zweiendige Adjektive der 3. Deklination zu betrachten.

Auch für die Kennzeichnung des Superlativs steht ein spezielles Bildemittel zur Verfügung. Je nach Lautgestalt des mit ihm versehenen Adjektivs erscheint das Bildemittel in verschiedener Ausformung. In den meisten Fällen wird die Form *-issimus, -a, -um* (3) verwendet. An die Adjektive auf *-r* jedoch tritt die Form *-rimus, -a, -um* (4):

(3)	***aedificium amplissimum***	**das geräumigste Gebäude**
(4)	***domus pulcherrima***	**das schönste Haus**

INFOKASTEN

Bei folgenden Adjektiven hat das Bildemittel für den Superlativ die Form *-limus:*

difficilis,	*difficile*	:	*difficillimus, -a, -um*	**der (die, das) schwerste ...**
facilis,	*facile*	:	*facillimus, -a, -um*	**der (die, das) leichteste ...**
gracilis,	*gracile*	:	*gracillimus, -a, -um*	**der (die, das) schlankeste ...**
humilis,	*humile*	:	*humillimus, -a, -um*	**der (die, das) niedrigste ...**
similis,	*simile*	:	*simillimus, -a, -um*	**der (die, das) ähnlichste ...**
dissimilis,	*dissimile*	:	*dissimillimus, -a, -um*	**der (die, das) unähnlichste ...**

Wenn nicht alle Vergleichsobjekte bekannt sind, ist es in der Regel besser, den Superlativ mit dem *Elativ* zu übersetzen, also mit „sehr" sowie der Grundform.

philosophus clarissimus – **ein sehr berühmter Philosoph**

Die mit dem Bildemittel für den Superlativ versehenen Adjektive sind als dreiendige der 2. und 1. Deklination anzusehen und folgen diesen in der Deklination (5):

(5) *Facile id quidem fuit iustissimo viro iustitiam defendere.*
Für den sehr gerechten Mann ist es freilich leicht gewesen, die Gerechtigkeit zu verteidigen.

Manche Steigerungsformen besitzen keinen Positiv. Ausgangspunkt für ihre Bildung sind Präpositionen:

citra (diesseits)	*citerior* **der diesseitige**	
de (von ... herab)	*deterior* **der schlechtere**	*deterrimus* **der schlechteste**

→

extra (außerhalb)	*exterior* der äußere	*extremus* der äußerste
infra (unterhalb)	*inferior* der untere	*infimus* der unterste
intra (innerhalb)	*interior* der innere	*intimus* der innerste
post (hinter)	*posterior* der spätere	*postremus* der letzte
pro (vor)	*prior* der vordere	*primus* der erste
prope (nahe bei)	*propior* der nähere	*proximus* der nächste
supra (oberhalb)	*superior* der obere, frühere	*supremus* der letzte *summus* der oberste
ultra (jenseits)	*ulterior* der jenseitige	*ultimus* der letzte
potis (mächtig)	*potior* der mächtigere	*potissimus* der mächtigste

INFOKASTEN

Einige häufig gebrauchte Adjektive zeigen Besonderheiten bei ihrer Steigerung:

bonus, -a, -um gut	*melior, -ius* besser	*optimus, -a, -um* am besten
malus, -a, -um schlecht	*peior, -ius* schlechter	*pessimus, -a, -um* am schlechtesten
magnus, -a, -um groß	*maior, -ius* größer	*maximus, -a, -um* am größten
parvus, -a, -um klein	*minor* kleiner	*minimus, -a, -um* am kleinsten
multi, -ae, -a viele	*plures, -a* mehr	*plurimi, -ae, -a, -um* am meisten
multum viel	*plus* mehr	*plurium* am meisten

ÜBUNGEN: DAS ADJEKTIV

1. WIE LAUTET DIE PLURALFORM DES ADJEKTIVS IM GLEICHEN KASUS?

(es kann mehr als eine Möglichkeit geben)

a. bonae ______
b. dura ______
c. sacri ______
d. duro ______
e. leve ______
f. simplicis ______
g. libera ______
h. tenero ______
i. celeri ______
j. principis ______
k. vetus ______
l. pauper ______
m. divitem ______

2. BILDEN SIE DEN GENITIV SINGULAR DER ADJEKTIVFORMEN, DIE IM GENITIV PLURAL STEHEN!

a. asperum
b. tenerum
c. levium
d. participum
e. frugiferum
f. principum
g. liberum
h. veterum
i. celerium
j. miserum
k. alacrium
l. pauperum

3. BILDEN SIE DEN NOMINATIV SINGULAR DER ADJEKTIVFORMEN IM ABLATIV SINGULAR IM GLEICHEN GENUS!

a. bona ______
b. leve ______
c. dure ______
d. aspero (2) ______
e. alacre ______
f. veteri ______
g. paupere ______
h. participi ______
i. celere ______
j. misero (2) ______
k. sacra ______
l. levi (2) ______
m. libero ______
n. acrem ______

4. FINDEN SIE FÜNF VERBINDUNGEN, DIE NICHT IN KASUS, NUMERUS UND GENUS ÜBEREINSTIMMEN!

a. viri miseri
b. Aegypto frugifero
c. oratione simplici
d. epistulis veteris
e. patris boni
f. patres boni
g. patrum bonum
h. amor vetus
i. magistri principis
j. metui magni
k. viro pauperi
l. facinus malus

5. GLEICHEN SIE DAS ADJEKTIV IN KLAMMERN IN KASUS, NUMERUS UND GENUS AN DAS SUBSTANTIV AN!

a. virum
_____________________ (simplex)

b. bellum
_____________________ (alacer)

c. hiemis
_____________________ (asper)

d. cortex
_____________________ (levis)

e. facinus
_____________________ (durus)

f. servitute
_____________________ (iniustus)

g. terris
_____________________ (frugifer)

h. navibus
_____________________ (celer)

i. aequor
_____________________ (alienus)

j. viros
_____________________ (vetus)

6. ORDNEN SIE DEN SUBSTANTIVEN DIE GRAMMATISCH UND INHALTLICH PASSENDE ADJEKTIVFORM ZU!

(parvis-claros-iustam-vetera-teneri-duro-celerium-princeps-bonae)

a. sermones _____________________

b. pacem _____________________

c. collibus _____________________

d. pedum _____________________

e. dente _____________________

f. quieti _____________________

g. donum _____________________

h. femoris _____________________

i. animalia _____________________

7. BILDEN SIE DIE STEIGERUNGSFORMEN NACH DER FORM DES ADJEKTIVS!

(Beispiel: duros-duriores-durissimos)

a. amplo (2) _____________________

b. celerem _____________________

c. duram _____________________

d. alacer _____________________

e. clara (2) _____________________

f. gracilem _____________________

g. mali (2) _____________________

h. magnam _____________________

i. bono (2) _____________________

j. claris _____________________

k. parvam _____________________

l. simile _____________________

8. ERGÄNZEN SIE DIE FEHLENDEN FORMEN DER ADJEKTIVE!

(es kann mehr als eine Möglichkeit geben)

a. __________ pulchrius __________

b. boni _____________________

c. _____________________ simillimus

d. facile _____________________

e. _____________________ deterrimus

f. __________ clariori __________

g. __________ prior __________

h. parvus _____________________

i. _____________________ optimi

j. multarum _____________________

k. __________ amplior __________

l. duro _____________________

DAS ADVERB

Das Adverb (Umstandswort) erläutert das Verbum eines Satzes insofern näher, als es eine Angabe zu den Umständen macht, unter denen sich die Verbalhandlung abspielt. Sein Informationsgehalt kann sich auf Ort, Zeit, Art und Weise sowie den Grund des Geschehens beziehen. Wie im Deutschen ist das Adverb auch im Lateinischen unflektierbar.

1. Die Formen des Adverbs

Man kann zwischen regelmäßig gebildeten Adverbien und solchen, die sich allmählich aus Wortverbindungen oder Substantiven in einem bestimmten Kasus entwickelt haben (1), unterscheiden. Erstere werden mit speziellen Suffixen von Adjektiven abgeleitet. Letztere weisen entweder ein unregelmäßiges oder ein nur mittelbar ersichtliches Bildungsmuster auf und stehen deshalb im Lexikon.

(1)	*clam*	**heimlich**	*noctu*	**nachts**
	hodie	**heute**	*propterea*	**deswegen**

Adjektive der 2. und 1. Deklination werden mithilfe des Suffixes *-e,* das an den Wortstock (also genau den Teil des Wortes, der in allen Kasus – den Nominativ ausgenommen – immer unverändert bleibt) angefügt wird, in Adverbien umgewandelt (2):

(2)	Adjektiv:	*sever-us*	Adverb:	*sever-e*	**streng**
		clar-us		*clar-e*	**klar**
		integ-e-r		*integr-e*	**unbescholten**
		pulch-e-r		*pulchr-e*	**schön**
		miser		*miser-e*	**elend**

INFOKASTEN

Adjektiv: *bonus* Adverb: *bene* **gut**

Adverbien aus Adjektiven der 3. Deklination werden durch Anfügung des Suffixes *-iter* an den Wortstock gebildet (3):

(3)	Adjektiv:	*celer*	Adverb:	*celer-iter*	**schnell**
		alacer		*alacr-iter*	**lebhaft**
		fortis		*fort-iter*	**tapfer**
		ferox		*feroc-iter*	**wild**

Bei den Adjektiven, deren Wortstock auf *-nt* endet, wird lediglich das Suffix *-er* angefügt (4):

(4)	Adjektiv:	*prudens*	Adverb:	*pruden-ter*	**klug**

Besonderheiten in der Bildung der Adverbform zeigen auch folgende Wörter: *alius* (5), *difficilis* (6) und *sollers* (7):

(5)	*alius*	**ein anderer**	*ali-ter*	**anders**
(6)	*difficilis*		*difficul-ter*	**schwierig**
(7)	*sollers*		*soller-ter*	**geschickt**

INFOKASTEN

Eine Reihe von Adverbien ist unregelmäßig abgeleitet. Sie enden entweder auf *-e* (8), auf *-o* (9) oder auf *-um* (10):

(8)	*facile*	**leicht**		
(9)	*crebro*	**häufig**	*falso*	**falsch**
	primo	**zuerst**	*postremo*	**zuletzt**
	raro	**selten**	*subito*	**plötzlich**
Aber:				
	vero	**wahrlich, aber**	*vere*	**wahrheitsgemäß**
	certo	**zuverlässig**	*certe*	**sicherlich**
(10)	*nimium*	**zu viel**	*paulum*	**wenig**

2. Die Steigerung des Adverbs

Sämtliche regelmäßig gebildeten Adverbien lassen sich auch regelmäßig steigern. Der Komparativ wird dabei durch das Suffix *-ius* (1) ausgedrückt. Er ist also mit dem Neutrum Singular des Komparativs der Adjektive identisch:

(1) *sever-e*	streng	*sever-ius*	strenger

Die Bildung des Superlativs erfolgt auf dieselbe Weise wie bei den Adjektiven (vgl. S. 21). Die Form des Adverbs (vgl. S. 26) endet aber stets auf *-e* (2):

(2) *diligent-issim-us*	*diligent-issim-e*
der sorgfältigste	am sorgfältigsten

Die Steigerung einiger regelmäßiger Adverbien im Überblick:

Grundform	Komparativ	Superlativ
clare	*clarius*	*clarissime*
hell	heller	am hellsten
obscure	*obscurius*	*obscurissime*
dunkel	dunkler	am dunkelsten
pulchre	*pulchrius*	*pulcherrime*
schön	schöner	am schönsten
fortiter	*fortius*	*fortissime*
tapfer	tapferer	am tapfersten
sapienter	*sapientius*	*sapientissime*
weise	weiser	am weisesten
stulte	*stultius*	*stultissime*
dumm	dümmer	am dümmsten
moleste	*molestius*	*molestissime*
lästig	lästiger	am lästigsten
celeriter	*celerius*	*celerrime*
schnell	schneller	am schnellsten
lente	*lentius*	*lentissime*
langsam	langsamer	am langsamsten
feliciter	*felicius*	*felicissime*
glücklich	glücklicher	am glücklichsten
graviter	*gravius*	*gravissime*
schwer	schwerer	am schwersten
leviter	*levius*	*levissime*
leicht	leichter	am leichtesten

➜

leniter	*lenius*	*lenissime*
leise	leiser	am leisesten
acriter	*acrius*	*acerrime*
scharf	schärfer	am schärfsten
severe	*severius*	*severissime*
streng	strenger	am strengsten
diligente	*diligentius*	*diligentissime*
sorgfältig	sorgfältiger	am sorgfältigsten
valide	*validius*	*validissime*
stark	stärker	am stärksten

INFOKASTEN

Bei einigen Adverbien ist die Steigerung unregelmäßig:

bene	*melius*	*optime*
gut	besser	am besten
male	*peius*	*pessime*
schlecht	schlechter	am schlechtesten
paulum	*minus*	*minime*
wenig	weniger	am wenigsten
multum	*plus*	*plurimum*
viel	mehr	am meisten
magnopere, valde	*magis*	*maxime*
sehr	mehr	am meisten
magne	*maius*	*maxime*
groß	größer	am größten

ferner:

diu	*diutius*	*diutissime*
lange	länger	am längsten
prope	*propius*	*proxime*
nahe	näher	am nächsten

ÜBUNGEN: DAS ADVERB

1. BILDEN SIE DIE ADVERBIEN DER ADJEKTIVE!

a. sacer ____________________
b. liber ____________________
c. durus ____________________
d. levis ____________________
e. celer ____________________
f. bonus ____________________
g. alacer ____________________
h. integer ____________________
i. severus ____________________
j. fortis ____________________
k. alius ____________________

2. SETZEN SIE DAS RICHTIGE ADVERB EIN!

(certe-diu-noctu-primum-bene)

a. Post occasum solis Helvetii ____ iter continuabant.
b. ________ librum legi, deinde amicos visitavi.
c. _______ fecistis quod amicos vestros invitavistis.
d. Caesar cum legionibus non ______ Rhenum versavit.
e. ______ scimus Ciceronem consulem Romanum fuisse.

3. AUF WELCHE ADJEKTIVE GEHEN FOLGENDE ADVERBIEN ZURÜK?

a. difficulter ____________________
b. raro ____________________
c. facile ____________________
d. severe ____________________
e. primo ____________________
f. vere ____________________
g. sapienter ____________________
h. integre ____________________
i. fortiter ____________________
j. crebro ____________________
k. diligenter ____________________
l. bene ____________________

4. ÜBERSETZEN SIE DIE UNREGELMÄSSIG GEBILDETEN ADVERBIEN!

a. certe ____________________
b. facile ____________________
c. celeriter ____________________
d. aliter ____________________
e. sapienter ____________________
f. misere ____________________
g. tenere ____________________
h. sacre ____________________
i. bene ____________________
j. alacriter ____________________
k. aspere ____________________

5. ÜBERSETZEN SIE DIE ADVERBIEN, DIE NICHT AUF ADJEKTIVE ZURÜCKGEHEN!

a. paulum ______________________
b. audacter ______________________
c. propterea ______________________
d. clam ______________________
e. falso ______________________
f. facile ______________________
g. misere ______________________
h. fortiter ______________________
i. noctu ______________________
j. hodie ______________________

6. WIE BILDEN FOLGENDE ADJEKTIVE DAS ADVERB?

I. nur mit Suffix *-e*
II. nur mit dem Suffix *-(i)ter*
III. auf andere Art

a. durus ______________________
b. bonus ______________________
c. severus ______________________
d. facilis ______________________
e. celer ______________________
f. fortis ______________________
g. certus ______________________
h. tener ______________________
i. rarus ______________________
j. primus ______________________
k. simplex ______________________

7. BILDEN SIE STEIGERUNGSFORMEN DER ADVERBIEN!

a. prope
____
b. pulchre
____
c. diu
____
d. valde
____
e. bene
____
f. sapienter
____
g. certe
____
h. aspere
____
i. dure
____
j. paulum
____
k. diligenter
____
l. sacre
____

8. VERVOLLSTÄNDIGEN SIE DIE FOLGENDE TABELLE!

(Positiv, Komparativ, Superlativ)

a. ______________________ maxime
b. bene ______________________
c. __________ diligentius __________
d. ______________________ plurimum
e. sapienter ______________________
f. difficulter ______________________
g. __________ alacrius __________
h. ______________________ proxime
i. fortiter ______________________
j. severe ______________________
k. __________ ferocius __________
l. ______________________ minime
m. male ______________________

DAS PRONOMEN

Ein Pronomen kann die Aufgabe haben, ein bereits vorher oder ein erst später erwähntes Nomen zu vertreten; in diesem Fall steht es immer allein (1). Unabhängig davon kann es eine verallgemeinernde (2) oder spezifizierende (3) Funktion besitzen.

(1) *Apud Helvetios nobilissimus fuit Orgetorix.*
Is coniurationem fecit.
Orgetorix war der Vornehmste bei den Helvetiern.
Er initiierte eine Verschwörung.
(2) *Vix quisquam hoc neget.*
Kaum jemand könnte dies leugnen.
(3) *Ea ipsa causa belli fuit.*
Genau dies war der Grund für den Krieg.

1. Das Personalpronomen

Das Personalpronomen steht stellvertretend für die drei grammatischen Personen.

1. Person:	Singular		Plural	
Nominativ	*ego*	ich	*nos*	wir
Genitiv	*mei*	meiner	*nostri*	unser
			nostrum	von uns
Dativ	*mihi*	mir	*nobis*	uns
Akkusativ	*me*	mich	*nos*	uns
Ablativ	*a me*	von mir	*a nobis*	von uns

2. Person:	Singular		Plural	
Nominativ	*tu*	du	*vos*	ihr
Genitiv	*tui*	deiner	*vestri*	euer
			vestrum	von euch
Dativ	*tibi*	dir	*vobis*	euch
Akkusativ	*te*	dich	*vos*	euch
Ablativ	*a te*	von dir	*a vobis*	von euch

INFOKASTEN

Die Formen *nostrum* und *vestrum* stehen nur in der Funktion eines Genitivs, der den Teil einer Gesamtheit bezeichnet (1). In allen anderen Fällen steht *nostri* bzw. *vestri* (2).

(1)	*nemo vestrum*	**niemand von euch**
(2)	*miserere nostri!*	**Erbarme dich unser!**

3. Person:	Singular		Plural	
Genitiv	*sui*	**seiner, ihrer**	*sui*	**ihrer**
Dativ	*sibi*	**sich**	*sibi*	**sich**
Akkusativ	*se*	**sich**	*se*	**sich**
Ablativ	*a se*	**von sich**	*a se*	**von sich**

Bei der 1. und 2. Person sind die reflexive (3) und nicht reflexive (4) Form identisch.

(3)	*Nosce te ipsum!*	**Erkenne dich selbst!**
(4)	*Te visitabo.*	**Ich werde dich besuchen.**

Für die 3. Person existiert nur die reflexive Form (5). Bei einem nicht reflexiven Verhältnis verwendet das Lateinische das Demonstrativpronomen *is, ea, id* (6).

(5) *Milites se in castra receperunt.*
Die Soldaten zogen sich ins Lager zurück.

(6) *Eas exspectat.*
Er erwartet sie.

Das Reflexivpronomen in Verbindung mit *inter* drückt das reziproke (gegenseitige) Verhältnis aus (7):

(7)	*Inter nos amamus.*	**Wir lieben einander.**

Die Präposition *cum* wird direkt an das entsprechende Pronomen angehängt (8):

(8)	*Omnia sua secum portat.*	**Er trägt seine gesamte Habe mit sich.**

Das Personalpronomen im Nominativ, also in Subjektfunktion, wird normalerweise nicht verwendet, es sei denn, der Aussage soll besonderer Nachdruck verliehen werden (9). Ansonsten kennzeichnet die Endung des Verbs den Träger der Verbalhandlung hinreichend (10).

(9) *Vos dormiebatis, ego vigilabam.*
Ihr schlieft, ich hielt Wache.

(10) *Dicam.*
Ich werde sprechen.

2. Das Possessivpronomen

Das Possessivpronomen (besitzanzeigendes Fürwort) gibt ein Besitzverhältnis an. Wie auch beim Personalpronomen unterscheidet sich in der 1. und 2. Person die reflexive Form nicht von der nicht reflexiven und in der 3. Person existiert nur die reflexive Form.

	1. Person	2. Person	3. Person
Sg.	*meus, mea, meum*	*tuus, tua, tuum*	*suus, sua, suum*
	mein	**dein**	**sein, ihr**
Pl.	*noster, nostra, nostrum*	*vester, vestra, vestrum*	*suus, sua, suum*
	unser	**euer**	**ihr**

Die Possessivpronomen werden wie die dreiendigen Adjektive der 2. und 1. Deklination gebeugt und auch wie diese verwendet (1):

(1) *meo iussu* **auf meinen Befehl hin**

INFOKASTEN

Ersatz für das nicht vorhandene nicht reflexive Possessivpronomen der 3. Person ist der Genitiv des Demonstrativpronomens *is, ea, id* (2):

(2) *Cicero merita eius laudat.*
Cicero lobt seine (= dessen) Verdienste.

➜

Aber:

Cicero merita sua laudat.

Cicero lobt seine (eigenen) Verdienste.

3. Die Demonstrativpronomen

Das Demonstrativpronomen (hinweisendes Fürwort) hat die Aufgabe, eine Person oder Sache näher zu kennzeichnen. Indem es auf diese besonders hinweist, grenzt es sie von der Menge gleicher Personen oder Sachen ab und ermöglicht so eine Identifizierung.

Demonstrativpronomen können als Pronomen Substantive ersetzen und auf diese hinweisen. Zudem können sie sie als Attribut begleiten.

1. *Is, ea, id* – der, die, das

Dieses Pronomen bewirkt eine einfache Hervorhebung. Es wird vor allem verwendet, um etwas schon Erwähntes wieder aufzunehmen (1) oder auf eine noch folgende Erläuterung vorbereitend hinzuweisen (2):

(1) *Plura sunt orationum genera eaque diversa.*
Die Gattungen der Rede sind zahlreich und verschieden.

(2) *Helvetii in eo loco, quo tum erant, Caesaris adventum exspectabant.*
Die Helvetier erwarteten an der Stelle die Ankunft Cäsars, an der sie sich damals befanden.

INFOKASTEN

	Singular			Plural		
	m.	f.	n.	m.	f.	n.
Nom.	*is*	*ea*	*id*	*ei (ii)*	*eae*	*ea*
Gen.		*eius*		*eorum*	*earum*	*eorum*
Dat.		*ei*			*eis (iis)*	
Akk.	*eum*	*eam*	*id*	*eos*	*eas*	*ea*
Abl.	*eo*	*ea*	*eo*		*eis (iis)*	

2. *Hic, haec, hoc* – dieser, diese, dieses

Das Pronomen weist auf etwas Nahes, dem Bereich des Sprechers Zugeordnetes (3):

(3)	*hic hortus*	**dieser (mein) Garten**
(3)	*haec tempora*	**die gegenwärtigen Zeitverhältnisse**

INFOKASTEN

	Singular			Plural		
	m.	f.	n.	m.	f.	n.
Nom.	*hic*	*haec*	*hoc*	*hi*	*hae*	*hae*
Gen.		*huius*		*horum*	*harum*	*horum*
Dat.		*huic*			*his*	
Akk.	*hunc*	*hanc*	*hoc*	*hos*	*has*	*hae*
Abl.	*hoc*	*hac*	*hoc*		*his*	

3. *Iste, ista, istud* – dieser, diese, dieses

Mit diesem Pronomen erfolgt der Hinweis auf etwas Entferntes, dem Bereich des Gegenübers Zugeordnetes (4):

(4) *iste hortus* **dieser (dein) Garten**
(4) *Istam iracundiam diutius tolerare non possum.*
Ich kann diesen (deinen) Jähzorn nicht länger ertragen.

INFOKASTEN

	Singular			Plural		
	m.	f.	n.	m.	f.	n.
Nom.	*iste*	*ista*	*istud*	*isti*	*istae*	*ista*
Gen.		*istius*		*istorum*	*istarum*	*istorum*
Dat.		*isti*			*istis*	
Akk.	*istum*	*istam*	*istud*	*istos*	*istas*	*ista*
Abl.	*isto*	*ista*	*isto*		*istis*	

4. *Ille, illa, illud* – jener, jene, jenes

Mit diesem Pronomen erfolgt der Hinweis auf etwas dem Sprecher Fernes, auf etwas dem Bereich eines Dritten Zugehöriges (5):

(5)	*ille hortus*	**jener (sein) Garten**
(5)	*illi consules*	**jene (damaligen) Konsuln**

INFOKASTEN

Die Deklination von *ille* entspricht derjenigen von *iste* (siehe oben).

5. *Ipse, ipsa, ipsum* – selbst

Dieses Pronomen dient der starken Hervorhebung einer Person oder Sache im Sinne einer strikten Abgrenzung von anderen (6).

(6)	*Ipse aderat.*	**Er war selbst (persönlich) anwesend.**

INFOKASTEN

Die Deklination entspricht mit Ausnahme des Nominativs und des Akkusativs Neutrum, der jeweils *ipsum* lautet, der von *iste* (siehe oben).

6. *Idem, eadem, idem* – derselbe, dieselbe, dasselbe

Dieses Pronomen steht stellvertretend für ein Nomen, über das zwei Aussagen gemacht werden, sodass es ein zweites Mal nicht erwähnt zu werden braucht. Stattdessen wird die vollkommene Übereinstimmung durch das Pronomen signalisiert (7):

(7) ***Quidquid honestum est, idem est utile.***
Alles, was ehrenvoll ist, ist zugleich auch nützlich.

INFOKASTEN

Die Formen des Pronomens werden gebildet, indem an die entsprechenden Formen von *is, ea, id* die Silbe *-dem* angehängt wird.

Abweichungen von dieser Regel in Form von lautlichen Veränderungen liegen in folgenden Formen vor:

	Singular			Plural		
	m.	f.	n.	m.	f.	n.
Nom.	*idem* **derselbe**		*idem* **dasselbe**	*iidem* **dieselben**		
Gen.				*eorundem*	*earundem* **derselben**	*eorundem*
Akk.	*eundem* **denselben**	*eandem* **dieselbe**	*idem* **dasselbe**			

4. Das Relativpronomen

Das Relativpronomen (bezügliches Fürwort) hat in erster Linie die Aufgabe, relativische Nebensätze (vgl. S. 124 f., Attributsatz) einzuleiten. Es vertritt an dieser Stelle das Bezugswort des Hauptsatzes. Mit diesem Bezugswort stimmt das Relativpronomen auch in Genus und Numerus überein. Sein Kasus allerdings richtet sich nach der grammatischen Funktion, die es im Relativsatz hat (1):

(1) *Pompeius bellum, quo omnes gentes premebantur, confecit.*
Pompeius beendete den Krieg, von dem alle Völker belastet wurden.

INFOKASTEN

	Singular			Plural		
	m.	f.	n.	m.	f.	n.
Nom.	*qui*	*quae*	*quod*	*qui*	*quae*	*quae*
Gen.		*cuius*		*quorum*	*quarum*	*quorum*
Dat.		*cui*			*quibus*	
Akk.	*quem*	*quam*	*quod*	*quos*	*quas*	*quae*
Abl.	*quo*	*qua*	*quo*		*quibus*	

Es gibt auch verallgemeinernde Relativpronomen. Ihnen liegen unterschiedliche Bildungsmuster zu Grunde.

1. *Quicumque, quaecumque, quodcumque* – wer, was auch immer

Im einen Fall tritt hinter die entsprechende Form des Pronomens *qui, quae, quod* (siehe oben) das Suffix *-cumque* (2). Das so gebildete Pronomen wird in der Regel adjektivisch verwendet, der Plural bisweilen aber auch substantivisch:

(2) ***Germani hospites, quacumque de causa ad eos venerunt, sanctos habeunt.***
Die Germanen betrachten Gastfreunde als geheiligt – ganz gleich, aus welchem Grund sie zu ihnen gekommen sind.

2. *Quisquis* – wer auch immer, *quidquid* – was auch immer

Im anderen Fall liegt der Form nach eine Verdoppelung des gebeugten Interrogativpronomens *quis, quid* vor (3). Bis auf eine Ausnahme (4) wird dieses Pronomen nur substantivisch gebraucht:

(3) ***Quidquid oritur a natura necesse est.***
Was auch immer entsteht, es ist von Natur aus notwendig.
(4) *quoquo modo*
irgendwie (auf welche Weise auch immer)

5. Die Interrogativpronomen

Das Interrogativpronomen (Fragefürwort) dient zur Bildung von Wortfragen (vgl. S. 117 ff., Fragesatz). Dabei spielt es keine Rolle, ob es sich um unabhängige oder abhängige Fragesätze handelt. Man unterscheidet adjektivische und substantivische Formen des Interrogativpronomens.

1. *Qui, quae, quod* – welcher?, welche?, welches?

Mit diesem Interrogativpronomen wird nach der Beschaffenheit einer Person oder Sache gefragt (1). Es wird ausschließlich adjektivisch verwendet.

INFOKASTEN

Die Formen dieses Interrogativpronomens sind mit denen des Relativpronomens in allen Kasus identisch.

(1) *Quod monumentum contemplavisti?*
Welche Sehenswürdigkeit hast du dir angesehen?
Quae puella? **Welches Mädchen?**
(Welchen Charakter, welche Eigenschaften hat es?)

2. *Quis – wer?, quid* – was?

Dieses Interrogativpronomen erkundigt sich nach dem Namen einer Person oder Sache (2). Von ihm gibt es nur Singularformen, wobei die des Maskulinums zugleich für das Femininum gelten. Es wird fast ausschließlich substantivisch verwendet (3).

(2) *Quis puella?* **Welches Mädchen? (Wie ist ihr Name?)**
(3) *Quis Caesarem necavit?* **Wer tötete Cäsar?**

INFOKASTEN

	m. f.		n.	
Nom.	*quis*	**wer?**	*quid*	**was?**
Gen.	*cuius*		*cuius*	**wessen?**
Dat.	*cui*		*cui*	**wem?**
Akk.	*quem*	**wen?**	*quid*	**was?**
Abl.	*a quo*	**von wem?**	*a quo*	**wovon?**

3. *Uter, utra, utrum* – wer, was von beiden?

Dieses Interrogativpronomen fragt nach einer von zwei Personen oder Sachen. Es kann sowohl adjektivisch als auch substantivisch gebraucht werden. Die Deklination dieses Interrogativpronomens folgt derjenigen von *ipse:* Die Endungen werden jeweils an den Wortstock *utr-* angehängt (5). Lediglich der Nominativ Singular Maskulinum weicht von diesem Schema ab (4).

(4) *Romulus et Remus inter se certabant, uter nomen novae urbi daret.*
Romulus und Remus stritten untereinander, wer der neuen Stadt den Namen geben sollte.
(5) *Utri faves?* **Welchem (von beiden) bist du gewogen?**

6. Die Indefinitpronomen

Die Indefinitpronomen (unbestimmte Fürwörter) bezeichnen Personen oder Sachen, die nicht näher bestimmt werden können oder sollen. Des Weiteren benennen sie auch deren Anzahl.

INFOKASTEN

Hierbei lassen sich der Form nach adjektivische und substantivische Indefinitpronomen unterscheiden, da es für den adjektivischen und den substantivischen Gebrauch verschiedene Formen gibt.

1. *Quidam* – ein gewisser

Dieses Indefinitpronomen steht für eine (oftmals als bekannt vorausgesetzte) Person oder Sache, die jedoch nicht genannt werden soll oder deren Erwähnung unwichtig erscheint (1):

(1) *quidam orator* **ein gewisser Redner** (Augustin meint den Heiden Cicero)

INFOKASTEN

Der Nominativ Plural Maskulinum hat nicht selten die Bedeutung einige (2):
(2) *tradunt quidam* einige erzählen

Die adjektivischen und substantivischen Formen entsprechen bis auf eine Ausnahme (3) und eine regelhafte lautliche Abwandlung (4) den Formen des Pronomens *qui, quae, quod* (vgl. S. 38, Deklination), an das die unveränderliche Silbe *-dam* angehängt ist.

	adjektivisch		
	m.	f.	n.
Nom. Sg.	*quidam*	*quaedam*	*quoddam*
Akk. Sg.	(4) *quendam*	*quandam*	*quoddam*
Gen. Pl.	(4) *quorundam ...*		
	substantivisch		
	m.	f.	n.
Nom. Sg.	*quidam*	*quaedam*	(3) *quiddam*
Akk. Sg.	*quendam*	*quandam*	(3) *quiddam*
Gen. Pl.	*quorundam ...*		

2. *Aliquis und aliqui* – irgendeiner

Das Indefinitpronomen *aliqui* steht für eine Person oder Sache, die zwar wirklich vorhanden ist, deren Identifikation aber unnötig oder sogar unmöglich ist. Es existiert sowohl eine adjektivische Form dieses Indefinitpronomens als auch eine substantivische Form, wobei anzumerken ist, dass die letztere ausschließlich im Singular vorkommt.

Die Deklination der adjektivischen Form von *aliqui* gleicht der von *qui, quae* und *quod;* alle Formen werden mit einem so genannten Präfix – der Vorsilbe *ali-* versehen (5):

(5)	m.	f.	n.
	aliqui	*aliquae*	*aliquod*
	irgendeiner	**irgendeine**	**irgendetwas**

Die Deklination der substantivischen Form von *aliqui* entspricht der von *quis* und *quid* (vgl. S. 40, Interrogativpronomen); auch hier tritt vor alle Formen das Präfix *ali-* (6):

(6)	m., f.	n.
Nom.	*aliquis*	*aliquid*
	irgendjemand	**irgendetwas**
Gen.	*alicuius*	*alicuius rei*
Dat.	*alicui*	*alicui rei*
Akk.	*aliquem*	*aliquid*
Abl.	*(ab) aliquo*	*aliqua re*

In Sätzen, die mit den Konjunktionen *si, nisi, ne, num* eingeleitet sind, wird das Präfix *ali-* weggelassen (7):

> (7) *Timeo, ne quod periculum instet.*
> **Ich fürchte, dass irgendeine Gefahr droht.**
> (7) *Si quis quid rumore acceperit, ad magistratum deferto.*
> **Falls irgendjemand etwas gerüchteweise erfährt, soll er es höheren Ortes melden.**

3. *Quisquam* – irgendeiner und *ullus* – irgendein

In Sätzen, die eine Negation enthalten oder zumindest negierenden Sinn haben, werden das adjektivische *ullus, -a, -um* bzw. das substantivische *quisquam, quidquam* als dem Sinne nach verstärktes *aliqui* bzw. *aliquis* verwendet (8), (9). Sie bezeichnen dann ganz allgemein eine Person oder Sache, deren Existenz lediglich als möglich angenommen wird. Die Deklination von *ullus, -a, -um* entspricht derjenigen von *ipse* (8):

> (8) *Sine ullo responso discessit.* **Ohne irgendeine Antwort ging er weg.**

INFOKASTEN

Bei der Deklination von *quisquam, quicquam* wird an das flektierte Interrogativpronomen *quis, quid* das Suffix *-quam* angehängt (9); Nominativ und Akkusativ Neutrum lauten allerdings *quicquam* (10):

(9)	*Vix quisquam venerat.*	**Kaum jemand war gekommen.**
(9)	*Abiit neque quisquam eum vidit.*	**Er ging weg und keiner hat ihn gesehen.**
(10)	*Sine sociis nemo quicquam tale conatur.*	**Ohne Gefährten probiert niemand so etwas.**

4. *Quique* und *quisque, quilibet, quivis* – jeder

Mit diesen Pronomen wird ein (beliebiges) einzelnes Individuum bzw. ein Gegenstand aus einer Gesamtheit von Individuen bzw. Gegenständen einzeln für sich bezeichnet. Wiederum muss zwischen adjektivischen und substantivischen Varianten unterschieden werden.

Das Pronomen *quisque* richtet sich in seiner adjektivischen Form (11) nach der Deklination von *qui, quae, quod* (vgl. S. 38), in seiner substantivischen Form (12) nach der von *quis, quid* (vgl. S. 40); an die Formen beider wird durchgängig das Suffix *-que* angehängt:

(11)	adjektivisch: ***quique, quaeque, quodque***	**jeder, jede, jedes**
(11)	***quinto quoque anno***	**alle vier Jahre**
(12)	substantivisch: ***quisque, quidque***	**jeder, jede, jedes**
(12)	***Suum cuique.***	**Jedem das Seine.**

Bei den anderen Indefinitpronomen mit dieser Bedeutung ist an die flektierten Formen von *qui, quae, quod* entweder das Suffix *-vis* (13) oder *-libet* (14) bzw. an die Formen von *uter, utra, utrum* das Suffix *-que* (15) angehängt:

(13)	substantivisch:	***quivis, quaevis, quidvis, …***	**jeder**
	adjektivisch:	***quivis, quaevis, quodvis, …***	**(beliebige einzelne)**
(14)	substantivisch:	***quilibet, quaelibet*** (12), ***quidlibet***	
	adjektivisch:	***quilibet, quaelibet, quodlibet***	
(15)	adjektivisch, substantivisch:	***uterque …***	**jeder (von zweien)**

5. *Nemo* – niemand, *nihil* – nichts und *nullus* – kein

Diese Pronomen werden genau dann verwendet, wenn zum Ausdruck gebracht werden soll, dass es kein einziges Exemplar gibt, auf das die gemachte Aussage zutrifft.

Die Deklination des adjektivischen Pronomens *nullus, -a, -um* (16) gleicht der von *ipse* (vgl. S. 37):

(16) ***nullus*** (m.), ***nulla*** (f.), ***nullum*** (n.), **kein, keine, keines**

Nihil und *nemo* sind substantivisch. Allerdings steht *nemo* bei männlichen Personenbezeichnungen anstelle von *nullus* (17):

(17)	***nemo Graecus***	**kein Grieche**
	nemo civis	**kein Bürger**

INFOKASTEN

Bei der Deklination liegt in einigen Kasus Ersatz mit *nullus* bzw. Umschreibung mit *nulla res* vor:

	m., f.	
Nom.	*nemo*	**niemand (Subst.)**
Gen.	*nullius*	
Dat.	*nemini*	
Akk.	*neminem*	
Abl.	*a nullo*	

	n.	
Nom.	*nihil*	**nichts (Subst.)**
Gen.	*nullius rei*	
Dat.	*nulli rei*	
Akk.	*nihil*	
Abl.	*nulla re*	

	m.	f.	n.	
Nom.	*nullus*	*nulla*	*nullum*	**kein (Adj.)**
Gen.		*nullius*		
Dat.		*nulli*		
Akk.	*nullum*	*nullam*	*nullum*	
Abl.	*nullo*	*nulla*	*nullo*	

In der Verbindung mit dem zusätzlichen Wort *non* können die Indefinitpronomen *nemo* (18), (19), *nihil* (20), (21) und *nullus* (22), (23) auch eine positive Bedeutung haben:

(18)	*nemo non*	**jeder**
(19)	*non nemo*	**mancher**
(20)	*nihil non*	**alles**
(21)	*non nihil*	**manches**
(22)	*nulli non*	**alle**
(23)	*non nulli*	**manche, einige**

ÜBUNGEN: DAS PRONOMEN

1. BESTIMMEN SIE DIE FORM DES PERSONALPRONOMENS!

a. tui ____________

b. mihi ____________

c. nos (2) ____________

d. vestri ____________

e. a me ____________

2. VERÄNDERN SIE DEN NUMERUS DER POSSESSIV-PRONOMINA!

a. meo ____________
b. suum (2) ____________
c. nostris ____________
d. vester ____________

3. WELCHE FORM DES DEMONSTRATIVPRONOMENS is, ea, id PASST?

(eos-ea-eorum-ii-eis-id-eius-eo-earum)

a. civibus ____________

b. nave ____________

c. casu ____________

d. animal ____________

e. patres (2) ____________

f. securium ____________

g. rei ____________

h. patrum ____________

4. VERBESSERN SIE DREI FEHLER!

a. hunc omen ____________
b. hac lege ____________
c. hoc nave ____________
d. haec cornua ____________
e. huius casus ____________
f. huic periculo ____________
g. hos ventres ____________
h. huic casui ____________
i. horum animalium ____________
j. hi pueri ____________
k. has patres ____________

5. WELCHES PRONOMEN GEHÖRT ZU WELCHEM SUBSTANTIV?

(istorum-illas-hi-haec-illo-eadem-ipsum-hi-eadem-illo)

a. casu ____________
b. tempora ____________
c. ominum ____________
d. res ____________
e. pueri ____________
f. dominum ____________
g. patres ____________
h. generi ____________
i. maria ____________
j. nave ____________

6. WELCHE DER FORMEN SIND RELATIVPRONOMEN? BESTIMMEN SIE DIESE!

(es gibt bis zu vier Möglichkeiten)

a. quae

____

b. quo

____

c. cui

____

d. qui

____

e. casuum

____

f. pueros

____

g. quam

____

7. ORDNEN SIE DIE RICHTIGEN FORMEN ZU!

(quarum-quem-quod-quos-quorum-quam)

a. epistula ______________________

b. vir ___________________________

c. omina _________________________

d. tempus ________________________

8. ERGÄNZEN SIE DIE RICHTIGE FORM DES INTERROGATIV-PRONOMENS!

(quae-cui-quos-cuius-quam-quo-quod-quas-quis-quem)

a. ________ bellum Gallicum confecit?

b. ______________ urbes visitavisti?

c. _____________ templum videmus?

d. _______ philosophi verba audivisti?

e. ____________ epistulam scripsisti?

f. ________________ libros legistis?

g. ________________ omina timuisti?

h. ____________ amicum salutavisti?

i. _____________ libro contentus es?

j. _______________ civi occurristis?

9. WELCHE FORM DES INDEFI-NITPRONOMENS PASST?

(cuidam-quosdam-quaelibet-aliquam-aliquo-quarundam-quiddam-quibuslibet-aliquem-quavis-aliquorum-alicuius)

a. oratoris ______________________

b. denti _________________________

c. tempore _______________________

d. fulgura _______________________

e. casum _________________________

f. pueros ________________________

g. rerum _________________________

h. animal ________________________

i. amicis ________________________

j. epistulam _____________________

k. nave __________________________

l. virum _________________________

10. FINDEN SIE VIER FALSCHE VERBINDUNGEN!

a. philosophi cuiuslibet

b. oratore cuidam

c. res quaevis

d. pueri aliquos

e. aliqua animalia

f. nemo res

g. nulla nave

h. quodam tempore

i. alicuius viri

j. aliqui viri

k. aliquo puero

1. Die Kardinalzahlen und ihre Zahlzeichen

I	*unus, una, unum*	1
II	*duo, duae, duo*	2
III	*tres, tria*	3
IV	*quattuor*	4
V	*quinque*	5
VI	*sex*	6
VII	*septem*	7
VIII	*octo*	8
IX	*novem*	9
X	*decem*	10
XI	*undecim*	11
XII	*duodecim*	12
XIII	*tredecim*	13
XIV	*quattuordecim*	14
XV	*quindecim*	15
XVI	*sedecim*	16
XVII	*septendecim*	17
XVIII	*duodeviginti*	18
XIX	*undeviginti*	19
XX	*viginti*	20
XXI	*viginti unus, -a, -um* oder: *unus, -a, -um et viginti*	21
XXVIII	*duodetriginta*	28
XXX	*triginta*	30
XL	*quadraginta*	40
L	*quinquaginta*	50
LX	*sexaginta*	60
LXX	*septuaginta*	70
LXXX	*octoginta*	80
XC	*nonaginta*	90
C	*centum*	100
CC	*ducenti, -ae, -a*	200

→

CCC	*trecenti, -ae, -a*	**300**
CCCC	*quadringenti, -ae, -a*	**400**
D	*quingenti, -ae, -a*	**500**
DC	*sescenti, -ae, -a*	**600**
DCC	*septingenti, -ae, -a*	**700**
DCCC	*octingenti, -ae, -a*	**800**
CM	*nongenti, -ae, -a*	**900**
M	*mille*	**1000**
MM	*duo milia*	**2000**

Die Kardinalzahlen (Grundzahlen) geben die Anzahl von Personen oder Dingen an. Zu ihrer symbolischen Darstellung verwendeten die Römer im Wesentlichen sieben Zeichen, die im Sinne einer Subtraktion oder Addition kombiniert werden.

INFOKASTEN

Von den Kardinalzahlen werden *unus, duo, tres* und die Hunderter ab 200 sowie der Plural von *mille* flektiert.

Unus, -a, -um wird genauso wie der Singular von *ipse* dekliniert (1):

(1) *Ad unum omnes trucidati sunt.*
Alle wurden bis auf den letzten Mann niedergemetzelt.

Der Dativ und Ablativ von *duo, duae, duo* lautet jeweils *duobus, duabus, duobus* (2):

(2) *De his duobus generibus alterum est druidum.*
Von diesen zwei Ständen ist der eine der der Druiden.

Der Genitiv von *tres, tria lautet trium,* der Dativ und Ablativ jeweils *tribus* (3):

(3) *cum tribus legionibus* **mit drei Legionen**

Die Hunderter werden ganz nach dem Muster des Plurals der dreiendigen Adjektive der 2. und 1. Deklination gebeugt (4):

(4) *septingenti milites* **700 Soldaten**

Mille ist indeklinabel (5). Der Plural *milia* wird nach dem Muster von *mare* gebeugt, angeschlossene Substantive stehen im Genitiv (6):

(5)	*mille oscula*	**tausend Küsse**
(6)	*tria milia incolarum*	**3000 Einwohner**

2. Die Ordinalzahlen

Die Ordinalzahlen (Ordnungszahlen) benennen eine Person oder Sache in ihrer Stellung innerhalb einer Reihenfolge.

INFOKASTEN

Sie werden allesamt flektiert, wie am Beispiel der dreiendigen Adjektive der 2. und 1. Deklination (1) zu sehen ist:

(1)	*de tertia vigilia*	**um die dritte Nachtwache**

primus, -a, -um	**1.**
secundus	**2.**
tertius	**3.**
quartus	**4.**
quintus	**5.**
sextus	**6.**
septimus	**7.**
octavus	**8.**
nonus	**9.**
decimus	**10.**
undecimus	**11.**
duodecimus	**12.**
tertius decimus	**13.**
duodevicesimus	**18.**
undevicesimus	**19.**
vicesimus	**20.**
tricesimus	**30.**
quadragesimus	**40.**

→

quinquagesimus	50.
sexagesimus	60.
septuagesimus	70.
octogesimus	80.
nonagesimus	90.
centesimus	100.
ducentesimus	200.
trecentesimus	300.
quadringentesimus	400.
quingentesimus	500.
sescentesimus	600.
septingentesimus	700.
octingentesimus	800.
nongentesimus	900.
millesimus	1000.
bis millesimus	2000.
ter millesimus	3000.
quater millesimus	4000.
quinquies millesimus	5000.
sexies millesimus	6000.
septies millesimus	7000.
octies millesimus	8000.
novies millesimus	9000.
decies millesimus	10 000.
vicies millesimus	20 000.
quinquagies millesimus	50 000.
septuagies millesimus	70 000.
decies centies millesimus	1 000 000.

INFOKASTEN

Im Gegensatz zum Deutschen werden für die Angabe von Jahreszahlen (2) und Tageszeiten (3) Ordnungszahlen verwendet:

(2) *anno millesimo nongentesimo undenonagesimo* **1989**

(3) *hora quarta* **um die vierte Tagesstunde** *(entspricht 10 Uhr morgens)*

ÜBUNGEN: DAS ZAHLWORT

1. ORDNEN SIE ZU!

(egionibus-virorum-naves-casum-omina-amicos-opinioni-epistulae)

a. tria ____________________
b. unius ____________________
c. tribus ____________________
d. uni ____________________
e. duos ____________________
f. unum ____________________
g. duas ____________________
h. trium ____________________

2. SCHREIBEN SIE IN RÖMISCHEN ZIFFERN!

a. quinque ____________________
b. sedecim ____________________
c. quinquaginta et tres ____________________
d. duodeviginti ____________________
e. octoginta septem ____________________
f. quattuordecim ____________________
g. trecenti quadraginta sex ____________________
h. septuaginta tres ____________________
i. sescenti triginta quattuor ____________________
j. tria milia ducenti viginti unus ____________________

3. SCHREIBEN SIE LATEINISCH AUS!

a. XVII

____

b. CIII

____

c. LXV

____

d. DCXXXII

____

e. XXVII

____

f. XLIII

____

4. SETZEN SIE IN DEN PLURAL!

(Bsp.: unam epistulam: duas epistulas)

a. uni viro ____________________
b. unum bellum ____________________
c. una puella (2) ____________________
d. cum una legione ____________________
e. uno libro ____________________
f. unius navis ____________________
g. una res ____________________

5. ERGÄNZEN SIE DAS PASSENDE ZAHLWORT!

(tres-unam-duo milia-uni-tria-unus-duobus-unum)

a. ____________________ virorum
b. ____________________ epistulae
c. ____________________ militem
d. ____________________ libris
e. ____________________ cornua
f. ____________________ casui
g. ____________________ orator
h. ____________________ navem

6. BILDEN SIE DIE ORDINALZAHL!

a. novem ____________________
b. septendecim ____________________
c. trecenti ____________________
d. mille ____________________
e. octingenti quadraginta ____________________

7. ÜBERSETZEN SIE!

a. anno bis millesimo quinto

____

b. anno millesimo nongentesimo undequintesimo

____

c. cum tertia legione

____

d. septimum librum

____

e. duodecim navibus

____

8. VERVOLLSTÄNDIGEN SIE DIE TABELLE!

(Beispiel:
V ______ quinque _______ quintus)

a. IV ______________________

b. ___________ octo ___________

c. ______________ sescentesimus

d. _______ quattuordecim _______

e. _______ quadringentesimus tertius

f. XVIII ______________________

g. _____________ vicesimus quartus

h. XLVII ______________________

i. ___________ undequadragesimus

j. ___________ sescenti _________

k. D ______________________

l. ______ septuaginta septem _____

9. VERBESSERN SIE VIER FALSCHE VERBINDUNGEN!

a. dua pericula ______________

b. unius epistulae ______________

c. uni viro ______________

d. unus facinus ______________

e. tria maria ______________

f. uno viro ______________

g. unum oratorum ______________

h. unius temporis ______________

i. duas quercus ______________

k. duarum honorum ______________

l. duos res ______________

10. WAS GEHÖRT ZUSAMMEN?

a. casu	1. tria
b. viris	2. novem
c. urbem	3. tres
d. animalia	4. tertio
e. puerorum	5. unius
f. civis	6. duobus
g. amicos	7. unam

11. SCHREIBEN SIE LATEINISCH!

(Beispiel: III viri: tres viri)

a. II bella

____

b. III epistularum

____

c. M opinionum

____

d. II senatoribus

____

e. II naves (2)

____

f. III casibus

____

g. II numeros

____

h. I viro (2)

____

i. II cornuum

____

DAS VERB I: DIE FINITE VERBFORM

Verben (Zeitwörter) bezeichnen eine Tätigkeit, einen Vorgang oder einen Zustand. Sie können ferner angeben, zu welcher Zeit dieses Geschehen stattfindet. Ebenso wie im Deutschen lassen sich im Lateinischen finite (vollbestimmte) Verbformen von infiniten (unbestimmten oder Nominalformen) abgrenzen.

Eine finite Form liegt dann und nur dann vor, wenn durch entsprechende Bildemittel – die Endungen (Suffixe) – Angaben zu Person, Numerus (Zahl), Tempus (Zeit), Modus (Aussageweise) und Genus verbi (Handlungsart, also Aktiv oder Passiv) gemacht sind.

INFOKASTEN

Im Einzelnen gibt es:

– 3 Personen:	1., 2. und 3. Person
– 2 Numeri:	Singular und Plural
– 6 Tempora:	Präsens (Gegenwart), Imperfekt (Vergangenheit), Futur I (Zukunft), Perfekt (Vollendete Vergangenheit), Plusquamperfekt (Vorvergangenheit), Futur II (Vollendete Zukunft)
– 3 Modi:	Indikativ, Konjunktiv und Imperativ
– 2 Genera:	Aktiv und Passiv

Im Gebrauch der Zeiten ist das Lateinische bisweilen genauer als das Deutsche. Dies gilt insbesondere für die Verwendung von Futur I (1) und II (2), das im Deutschen selten gebraucht wird:

(1)	*Cras domum revertar.*	**Morgen kehre ich nach Hause zurück.**
(1)	*Promitto me hoc facturum esse.*	**Ich verspreche, dies zu tun.**
(2)	*Ut sementem feceris, ita metes.*	**Wie du gesät hast, so wirst du ernten.**

Bei der Abfassung von Briefen setzten die alten Römer gewöhnlich die Zeiten so, dass sie jeweils der Perspektive des Empfängers beim Lesen der Mitteilung angepasst waren (3):

(3) *Nihil habebam, quod scriberem. Neque enim quicquam novi audieram.*
Ich weiß nichts zu schreiben. Ich habe nämlich auch nichts Neues vernommen.

INFOKASTEN

Auch beim Gebrauch der Modi bestehen zu beachtende Unterschiede im Vergleich zum Deutschen (vgl. S. 114, Aussagesatz).

Die Bildung der finiten Formen des Verbs

Es gibt zusammengesetzte und einfache Formen des Verbs. Erstere bestehen aus einem Partizip (1) oder Gerundiv (2) und einer finiten Form des Hilfsverbs *esse*. Letztere werden nach dem gleichen Prinzip wie bei der Nominalflexion durch Anfügung von Endungen (Suffixen) an den Wortstamm gebildet (3):

(1)	*Domitus est.*	**Er ist gezähmt worden.**
(2)	*Colenda est.*	**Sie muss gepflegt werden.**
(3)	*Parebimus.*	**Wir werden gehorchen.**

Der Wortstamm der Verben ist bei der Bildung der einzelnen Zeiten Veränderungen unterworfen. Diese sind allerdings systemhaft, sodass sich jeweils drei lautliche Ausformungen des Verbalstamms ausmachen lassen:

Der Präsensstamm

Von dem Präsensstamm werden die finiten Formen des Präsens, Imperfekt und Futur I sowohl im Aktiv als auch im Passiv gebildet. Unter den Nominalformen werden vom Präsensstamm das Gerund, Gerundiv, Partizip Präsens und der Infinitiv Präsens gebildet.

Der Perfektstamm

Mit ihm werden nur aktive Formen gebildet, nämlich Perfekt, Plusquamperfekt, Futur II sowie Infinitiv Perfekt.

Der Partizipialstamm

Von dem Partizipialstamm werden neben den beiden Supina das Partizip Futur Aktiv und das Partizip Perfekt Passiv gebildet.

Zusammen mit dem Hilfsverb *esse* lassen sich vom Partizip Perfekt Passiv sämtliche passive Formen des Perfekt, Plusquamperfekt und Futur II bilden.

INFOKASTEN

Aus diesen drei Stämmen lassen sich zusammen mit den entsprechenden Bildemitteln sämtliche Formen des Konjugationsschemas ableiten. Die drei stellvertretenden Formen eines Verbs, die mit den verschiedenen Verbalstämmen gebildet sind, werden daher auch als seine Stammformen bezeichnet. Bei den Bildemitteln, die an den Verbalstamm herantreten, lassen sich Personalendungen von Tempus- und Moduszeichen abgrenzen.

Die Personalendungen markieren in den einfachen Formen des Aktivs wie auch des Passivs die handelnden Personen. Für Indikativ und Konjunktiv sind sie identisch. Sie stehen an letzter Stelle noch nach Tempus- und Moduszeichen (4):

(4)	*verbera-s*	**du schlägst**	*verbera-ris*	**du wirst geschlagen**
	verbera-ba-s	**du schlugst**	*verbera-re-s*	**du würdest schlagen**

INFOKASTEN

		Präsens Aktiv	Perfekt Aktiv	Präsens Passiv
1. Pers.	Singular	*-o, -m*	*-i*	*-or, -r*
2. Pers.		*-s*	*-isti*	*-ris*
3. Pers.		*-t*	*-it*	*-tur*
1. Pers.	Plural	*-mus*	*-imus*	*-mur*
2. Pers.		*-tis*	*-istis*	*-mini*
3. Pers.		*-nt*	*-erunt*	*-ntur*

Bei den Formen des Präsensstamms werden Tempus und Modus durch eigene Bildemittel, die Tempus- und Moduszeichen, ausgedrückt. Sie treten zwischen Verbalstamm und Personalendung. Für das Aktiv und Passiv sind sie identisch.

Der Konjunktiv Präsens der 1. Konjugation weist ein *-e-* (5), der aller übrigen Konjugationen ein *-a-* (6) als Kennzeichen auf:

(5)	*dubit-e-s*	**du mögest zweifeln**
(6)	*praebe-a-tis*	**ihr möget gewähren**
	dic-a-mus	**wir mögen sagen**
	fini-a-ntur	**sie mögen begrenzt werden**

Der Indikativ Imperfekt hat *-ba-* (7) in der 1. und 2., *-eba-* (8) in der 3. und 4. Konjugation:

(7)	*impera-ba-nt*	**sie befahlen**
	tace-ba-mus	**wir schwiegen**
(8)	*reced-eba-s*	**du wichest zurück**
	muni-eba-ntur	**sie wurden befestigt**

Im Imperfekt Konjunktiv erscheint in allen Konjugationen *-re-* (9):

(9)	*invita-re-mini*	**ihr würdet eingeladen werden**
	horre-re-m	**ich würde zurückschaudern**

Das Futur I der 1. und 2. Konjugation ist gekennzeichnet durch *-b-* mit den Varianten *-be-*, *-bi-*, *-bu-* (10); durch *-a-* und *-e-* bei der 3. und ebenso der 4. Konjugation (11):

(10)	*lava-be-ris*	**du wirst gewaschen werden**
	da-bi-s	**du wirst geben**
	vale-bu-nt	**sie werden gesund sein**
	dele-b-o	**ich werde zerstören**
(11)	*teg-e-nt*	**sie werden bedecken**
	puni-a-r	**ich werde bestraft werden**

INFOKASTEN

Mit Rücksicht auf den unterschiedlichen Auslaut des Präsensstamms der Verben wird ihre Flexion in vier Konjugationen eingeteilt:

– 1. a-Konjugation	*laud-a-(bis)*	**(du wirst)**	**lob(en)**
– 2. e-Konjugation	*mon-e-(bis)*	**(du wirst)**	**mahn(en)**
– 4. i-Konjugation	*aud-i-(s)*	**(du)**	**hör(st)**

→

– 3. oder konsonantische bzw. kurzvokalische Konjugation:	*met-u-(es)*	**(du wirst)**	**fürcht(en)**
	cap-i-(es)	**(du wirst)**	**fang(en)**

Bei den Kennlauten handelt es sich jeweils um lange Vokale. Die 1., 2. und 4. Konjugation werden aus diesem Grund auch als langvokalische Konjugationen bezeichnet. In der 3. Konjugation fehlt ein auslautender Vokal; dementsprechend gilt sie als konsonantisch. Tauchen hier dennoch Vokale auf, wie etwa *-e-* (12), *-i-* (13), *-u-* (14), so handelt es sich dabei lediglich um Erweiterungsvokale; sie sind immer kurz.

(12)	*cup-e-rent*	**sie würden wünschen**
(13)	*cap-i-s*	**du fängst**
(14)	*trah-u-ntur*	**sie werden gezogen**

Die e-Konjugation (Verben auf *-ere*):

Aktiv	Indikativ	Konjunktiv
Präsens	*mone-o*	*mone-a-m*
	ich mahne	**ich möge mahnen**
	mone-s	*mone-a-s*
	mone-t	*mone-a-t*
	mone-mus	*mone-a-mus*
	mone-tis	*mone-a-tis*
	mone-nt	*mone-a-nt*
Imperfekt	*mone-ba-m*	*mone-re-m*
	ich mahnte	**ich würde mahnen**
	mone-ba-s	*mone-re-s*
	mone-ba-t	*mone-re-t*
	mone-ba-mus	*mone-re-mus*
	mone-ba-tis	*mone-re-tis*
	mone-ba-nt	*mone-re-nt*
Futur I	*mone-b-o*	
	ich werde mahnen	
	mone-bi-s	
	mone-bi-t	

→

Aktiv	Indikativ	Konjunktiv
	mone-bi-mus	
	mone-bi-tis	
	mone-bu-nt	
Perfekt	*monu-i*	*monu-erim*
	ich habe gemahnt	ich möge gemahnt haben
	monu-isti	*monu-eris*
	monu-it	*monu-erit*
	monu-imus	*monu-erimus*
	monu-istis	*monu-eritis*
	monu-erunt	*monu-erint*
Plusquamperfekt	*monu-eram*	*monu-issem*
	ich hatte gemahnt	ich hätte gemahnt
	monu-eras	*monu-isses*
	monu-erat	*monu-isset*
	monu-eramus	*monu-issemus*
	monu-eratis	*monu-issetis*
	monu-erant	*monu-issent*
Futur II	*monu-ero*	
	ich werde gemahnt haben	
	monu-eris	
	monu-erit	
	monu-erimus	
	monu-eritis	
	monu-erint	
Imperativ I	*mone*	
	mahne	
	mone-te	
Imperativ II	*mone-to*	
	du sollst, er soll mahnen	
	mone-tote	
	mone-nto	
Passiv		
Präsens	*mone-or*	*mone-a-r*
	ich werde gemahnt	ich möge gemahnt werden
	mone-ris	*mone-a-ris*

→

Passiv	Indikativ	Konjunktiv
	mone-tur	*mone-a-tur*
	mone-mur	*mone-a-mur*
	mone-mini	*mone-a-mini*
	mone-ntur	*mone-a-ntur*
Imperfekt	*mone-ba-r*	*mone-re-r*
	ich wurde gemahnt	ich würde gemahnt werden
	mone-ba-ris	*mone-re-ris*
	mone-ba-tur	*mone-re-tur*
	mone-ba-mur	*mone-re-mur*
	mone-ba-mini	*mone-re-mini*
	mone-ba-ntur	*mone-re-ntur*
Futur I	*mone-b-or*	
	ich werde gemahnt werden	
	mone-be-ris	
	mone-bi-tur	
	mone-bi-mur	
	mone-bi-mini	
	mone-bu-ntur	
Perfekt	*monitus sum …*	*monitus sim …*
	ich bin gemahnt worden	ich möge gemahnt worden sein
Plusquamperfekt	*monitus eram …*	*monitus essem*
	ich war gemahnt worden	ich wäre gemahnt worden
Futur II	*monitus ero*	
	ich werde gemahnt worden sein	

Für die Bildung der übrigen Formen des Perfektstamms vgl. S. 71, Hilfsverb *esse.*

Die a-Konjugation (Verben auf *-are*)

Aktiv	Indikativ	Konjunktiv
Präsens	*amo*	*ame-m*
	ich liebe	ich möge lieben
	ama-s …	*am-es …*

➜

Aktiv	Indikativ	Konjunktiv
Imperativ	*ama!*	
	liebe!	
	ama-te!	
	liebt!	
Perfekt	*amav-i*	*amav-erim*
	ich habe geliebt	ich möge geliebt haben
	amav-isti	*amav-eris*
	amav-it	*amav-erit*
	amav-imus	*amav-erimus*
	amav-itis	*amav-eritis*
	amav-erunt	*amav-erint*
Plusquamperfekt	*amav-eram …*	*amav-issem …*
	ich hatte geliebt	ich hätte geliebt

INFOKASTEN

Die nicht aufgeführten Formen werden nach dem Muster der e-Konjugation gebildet:

Passiv Präsens	*amor*	*amer*
	ich werde geliebt	ich möge geliebt werden
	ama-ris …	*am-eris*

Die i-Konjugation (Verben auf *-ire*)

Die nicht genannten Formen werden nach dem Muster der e-Konjugation gebildet.

Aktiv	Indikativ	Konjunktiv
Präsens	*audi-o …*	*audi-a-m …*
	ich höre	ich möge hören
	audi-u-nt	
	sie hören	
Imperfekt	*audi-eba-m*	*audi-re-m*
	ich hörte	ich würde hören
	audi-eba-s …	*audi-re-s …*
Futur I	*audi-a-m*	
	ich werde hören	

→

Aktiv	Indikativ	Konjunktiv
	audi-e-s	
	audi-e-t	
	audi-e-mus	
	audi-e-tis	
	audi-e-nt	
Perfekt	*audiv-i ...*	*audir-erim …*
	ich habe gehört	ich möge gehört haben
Passiv		
Präsens	*audi-or*	*audi-a-r*
	ich werde gehört	ich möge gehört werden
	audi-ris ...	*audi-a-ris ...*
Imperfekt	*audi-eba-r ...*	*audi-re-r ...*
	ich wurde gehört	ich würde gehört werden
	audi-eba-s ...	*audi-re-ris ...*
Futur I	*audi-a-r*	
	ich werde gehört werden	
	audi-e-ris	
	audi-e-tur	
	audi-e-mur	
	audi-e-mini	
	audi-e-ntur	
Perfekt	*auditus sum*	
	ich bin gehört worden	

Die konsonantische Konjugation

Die nicht aufgeführten Formen werden nach dem Muster der i-Konjugation gebeugt.

Aktiv	Indikativ	Konjunktiv
Präsens	*reg-o*	*reg-a-m ...*
	ich leite	ich möge leiten
	reg-i-s	
	reg-i-t	
	reg-i-mus	
	reg-i-tis	
	reg-u-nt	

➜

Aktiv	Indikativ	Konjunktiv
Imperfekt	*reg-eba-m ...*	*reg-ere-m ...*
	ich leitete	**ich würde leiten**
Futur I	*reg-a-m*	
	ich werde leiten	
	reg-e-s ...	
Imperativ I	*reg-e*	
	leite	
	reg-i-te	
Imperativ II	*reg-i-to*	
	du sollst, er soll leiten	
	reg-i-tote	
	reg-u-nto	
Perfekt	*rex-i ...*	*rex-erim ...*
	ich habe geleitet	**ich möge geleitet haben**
Passiv		
Präsens	*reg-or*	*reg-ar*
	ich werde geleitet	**ich möge geleitet werden**
Imperfekt	*reg-e-bar*	*reg-e-rer*
	ich wurde geleitet	**ich würde geleitet werden**
Futur I	*reg-ar*	
	ich werde geleitet werden	
Perfekt	*rect-us sum*	
	ich bin geleitet worden	

INFOKASTEN

Bei einer Reihe von Verben dieser Konjugation ist der Stamm um ein kurzes *i* (oder *e*) erweitert. Im Präsensstamm weichen abgesehen von der Länge der Kennlaute nur die folgenden Formen von der Flexion der 4. Konjunktion ab:

– Inf. Präs. Akt.	*fuge-re*	**fliehen**
– Inf. Präs. Pass.	*cap-i*	**gefangen werden**
– Imp. Konj. Akt.	*cup-e-rem ...*	**ich würde wünschen**
– Imp. Konj. Pass.	*rap-e-re-r ...*	**ich würde geraubt werden**
– 2. Pers. Sing. Präs. Konj. Pass.	*capi-a-ris*	**du wirst gefangen**

ÜBUNGEN: DAS VERB I

1. BESTIMMEN SIE DIE VERBFORMEN NACH NUMERUS, PERSON, MODUS, TEMPUS UND GENUS DES VERBS!

a. parebunt
   ____
b. scriberetur
   ____
c. verberaretis
   ____
d. sentiat
   ____
e. tegatur
   ____
f. deleas
   ____

2. STELLEN SIE SINNVOLL ZUSAMMEN!

a. Marcus et amici sui ______________
b. Plinius multas ______________
c. Caesar cum legionibus ______________
d. Quem sermonem ______________
e. Cicero senatores ______________

1. ______________ epistulas scripsit.
2. ______________ oratione monuit.
3. ______________ templa urbis viderunt.
4. ______________ Helvetios superavit.
5. ______________ audivistis?

3. WELCHE FORMEN STEHEN IM FUTUR I?

a. habent
b. legent
c. praebent
d. regent
e. ament

4. ÄNDERN SIE DAS GENUS DES VERBS!

a. Consules cives Romanos in forum invitaverunt.
   ____
b. Senator orationem claram habuit.
   ____
c. Ea non ab omnibus laudata est.
   ____
d. Leges novae civibus a senatu dantur.
   ____

5. WELCHE FORMEN KÖNNEN KONJUNTIVE SEIN?

a. horremus
b. amet
c. dicamus
d. valet
e. invitantur
f. tacebat
g. praebeatur
h. puniant
i. monento
j. legam
k. ameris

6. WELCHE FORMEN PASSEN NICHT ZU DEN ÜBRIGEN?

a. puni-monento-amatote-valetis
b. amat-leget-habet-praebet
c. legam-monebo-laudabam-tacebo

d. habuit-verberaverit-tacuimus-laudavistis

e. laudaverit-tacuerit-habuerim-amavissem

7. STELLEN SIE SINNVOLL ZUSAMMEN!

a. Multis amicis ________________

b. A philosophis in foro ____________

c. Cives Romani a Pompeio ________

d. Senatores curiam ______________

e. Aegyptus ab Octaviano __________

f. Germani in silvis ______________

1. _____ orationes clarae habitae sunt.
2. ________________ se occultabant.
3. ________________ non intraverunt.
4. ______________ provincia facta est.
5. ____________ a piratis liberati sunt.
6. ____________ a Cicerone epistulae scriptae sunt.

8. ORDNEN SIE NACH GEGENWART (I), VERGANGENHEIT (II) UND ZUKUNFT (III)!

a. moneberis

c. legat

d. rexit

e. audiris

f. raperer

9. WELCHE FORM STEHT IM INDIKATIV?

a. capit

b. praebes

c. laudemus

d. audias

e. dicit

f. dicatis

10. DIE ANFANGSBUCHSTABEN DER IMPERATIVFORMEN ERGEBEN EINEN RÖMISCHEN BEINAMEN!

a facias

b. capito

c. tacetis

d. invitanto

e. legent

f. cupite

g. scribas

h. exspectate

i. rapite

j. ames

k. ora

11. ORDNEN SIE NACH FORMEN DES INDIKATIVS (I) UND KONJUNKTIVS (II)!

a. dicas

b. amaveramus

c. faciamus

d. legimus

e. praebuimus

f. amaverim

12. WELCHE FORMEN VON INDIKATIV UND KONJUNKTIV STEHEN IM GLEICHEN TEMPUS?

a. dicebamur	1. tacuisset
b. amatus est	2. capio
c. scribas	3. invitaret
d. monueras	4. praebuerit

Einige Verben weichen von den grundlegenden Konjugationsschemata ab, indem sie sie entweder nur unvollständig repräsentieren oder ihre Formen auf eine Weise bilden, die Regelmäßigkeit nicht aufweist oder zumindest nicht unmittelbar erkennen lässt. Im Folgenden werden sie in zwei Gruppen eingeteilt.

Die Deponentien

Zur ersten Gruppe zählen Verben, die passive Formen bilden, aber aktive Bedeutung haben (1): die Deponentien. Zu ihnen gehören Verben aus allen vier Konjugationen. Ihre Beugung deckt sich fast mit den Passivformen der entsprechenden Muster.

(1)	*tueri*	**schützen**

Gesonderte Formen begegnen beim Imperativ:

	Imperativ I		Imperativ II	
a-Konj.	*admira-re*	**bewun-dere!**	*admira-tor*	**du sollst, er soll bewundern**
	admira-mini	**bewun-dert!**	*admira-ntor*	**sie sollen bewundern**
e-Konj.	*fate-re*	**gestehe!**	*fate-tor*	**du sollst, er soll gestehen**
	fate-mini	**gesteht!**	*fate-ntor*	**sie sollen gestehen**
i-Konj.	*ordi-re*	**fang an!**	*ordi-tor*	**du sollst, er soll anfangen**
	ordi-mini	**fangt an!**	*ordi-u-ntor*	**sie sollen anfangen**
konsonant. Konj.	*pat-e-re*	**leide!**	*pati-tor*	**du sollst, er soll leiden**
	pati-mini	**leidet!**	*pati-u-ntor*	**sie sollen leiden**
konsonant. Konj.	*sequ-e-re*	**folge!**	*sequ-i-tor*	**du sollst, er soll folgen**
	sequ-i-mini	**folgt!**	*sequ-u-ntor*	**sie sollen folgen**

Einige Nominalformen weisen ebenfalls Besonderheiten auf. Es sind das Gerundiv (2) und das Gerund (3), sowie das Partizip Präsens (4) und das Futur (5). Bei ihnen handelt es sich um aktive Formen.

Passive Formen und eine passive Bedeutung besitzt das Gerundiv (2):

(2)	*hortandus, -a, -um*	**einer, der ermahnt werden muss**
	verendus, -a, -um	**einer, der zu fürchten ist**
(3)	*hortandi …*	**des Mahnens**
(4)	*largiens, -ntis*	**einer, der freigebig ist**
(5)	*hortaturus, -a, -um*	**einer, der mahnen wird**

Die unvollständigen Verben

In die erste Gruppe gehören zudem Verben, die nur Formen des Perfektstammes aufweisen, wobei diese die Bedeutung der jeweils entsprechenden Zeitstufe des Präsenssystems haben. Zu diesen Verben zählen:

consuevi	**ich bin gewohnt**	*memini*	**ich gedenke**
novi	**ich weiß**	*odi*	**ich hasse**

Die unpersönlichen Verben

Zur ersten Gruppe zählen schließlich Verben, die gemeinhin nur in der 3. Person Singular (oder im Infinitiv) auftreten. Da bei ihnen der Handlungsträger nicht als Nomen im Nominativ auftreten kann, nennt man sie unpersönlich.

Zu ihnen zählen Verben aus den Bedeutungsbereichen Wettererscheinung (1), Gefühl und Konvention (2) sowie solche, die in unpersönlicher Verwendung ihre ursprüngliche Bedeutung geändert haben (3):

(1)	*pluit*	**es regnet**		
	ningit	**es schneit**		
(2)	*oportet*	**es ist in der Ordnung**	*pudet*	**es beschämt**
(3)	*(apparere* – **erscheinen)**		*apparet*	**es ist offensichtlich**
	(constare – **kosten)**		*constat*	**es ist bekannt**
	(contingere – **berühren)**		*contingit*	**es glückt**
	(fallere – **täuschen)**		*fallit (me)*	**es täuscht (mich)**
	(fugere – **fliehen)**		*fugit (me)*	**es entgeht (mir)**
	(interesse – **dabei sein)**		*interest*	**es ist wichtig**
	(iuvare – **helfen)**		*iuvat*	**es erfreut**

INFOKASTEN

Nur als Einzelform existieren:

quaeso	**bitte**
ave(te), salve(te)	**sei(d) gegrüßt!**
ait	**er, sie, es sagt**
aiunt	**sie sagen, man sagt**
inquit	**er, sie, es sagt**

Zur zweiten Gruppe gehören einige Modalverben und wenige häufig gebrauchte Vollverben, das Hilfsverb *esse* sowie die unregelmäßigen Verben.

Die Modalverben

Die Modalverben treten jeweils in Verbindung mit dem Infinitiv eines Vollverbs auf und dienen dazu, das Verhältnis des Subjekts zum Verbalvorgang genauer zu beschreiben. Das folgende Beispiel soll dies anhand der Modalverben *velle* (wollen), *nolle* (nicht wollen) und *malle* (lieber wollen) anschaulich machen:

Präs. Ind.	*volo*	*nolo*	*malo*
	ich will	**ich will nicht**	**ich will lieber**
	vis	*non vis*	*mavis*
	vult	*non vult*	*mavult*
	volumus	*nolumus*	*malumus*
	vultis	*non vultis*	*mavultis*
	volunt	*nolunt*	*malunt*
Präs. Konj.	**velim ...**	**nolim ...**	**malim ...**
Imp. Ind.	**volebam ...**	**nolebam ...**	**malebam ...**
Imp. Konj.	**vellem ...**	**nollem ...**	**mallem ...**
Futur	**volam**	**nolam ...**	**malam**
	voles ...	**noles ...**	**males ...**
Perfekt	**volui ...**	**nolui ...**	**malui ...**
Imperativ		**noli, nolite**	
Part. Präs.	**volens**		

Das Modalverb *posse* (können) lehnt sich in seiner Konjugation durchgehend an die Konjugation des Hilfsverbs *esse* an (vgl. S. 70).

Präs. Ind.	*pos-sum*
	ich kann
	pot-es
	pot-est
	pos-sumus
	pot-estis
	pos-sunt
Präs. Konj.	*pos-sim ...*
Imp. Ind.	*pot-eram ...*
Imp. Konj.	*possem, posses ...*
Futur I	*pot-ero ...*
Perf. Ind.	*potui ...*

Ferre **– tragen, bringen**
Ferri **– getragen werden, eilen**

	Aktiv		Passiv
Präs. Ind.	*fero*		*feror*
	ich trage, bringe		ich werde getragen, ich eile
	fers		*ferris*
	fert		*fertur*
	ferimus		*ferimur*
	fertis		*ferimini*
	ferunt		*feruntur*
Präs. Konj.	*feram ...*		*ferar ...*
Imp. Ind.	*ferebam ...*		*ferebar ...*
Futur I	*feram*		*ferar*
	feres ...		*fereris ...*
Part. Präs.	*ferens, -ntis*	Gerundiv	*ferendus, -a, -um*
Impertiv	*fer*		
	ferte		
	ferto		
	fertote		
	ferunto		

Esse (edere) – essen

Aktiv	Indikativ	Konjunktiv
Präsens	*edo* ich esse	*edim ...*
	es	
	est	
	edimus	
	estis	
	edunt	
Imperfekt	*edebam ...*	
Futur I	*edam ...*	
Infinitiv	*esse*	
Imperativ I	*es*	
	este	
Imperativ II	*esto*	
	estote	
	edunto	
Perfekt	*edi ...*	*ederim*

INFOKASTEN

Besondere Formen im Passiv:

3. Pers. Sg. Ind. Präs.: *estur* es wird gegessen

3. Pers. Sg. Konj. Imp.: *essetur* es würde gegessen werden

Ire – gehen

	Indikativ	Konjunktiv
Präsens	*eo* ich gehe	*eam* ich möge gehen
	is	*eas*
	it	*eat*
	imus	*eamus*
	itis	*eatis*
	eunt	*eant*
Imperfekt	*ibam ...*	*irem ...*
Futur I	*ibo ...*	
Part. Präs.	*iens, euntis*	

→

Gerund	*eundi ...*	
Perfekt	*ii*	*ierim ...*
	isti	
	iit	
	iimus	
	istis	
	ierunt	
Inf. Perfekt	*isse*	
Plusquamperfekt	*ieram ...*	*iissem ...*
Futur II	*iero*	
Imperativ I	*i*	
	ite	
Imperativ II	*ito*	
	itote	
	eunto	

Fieri **– werden**

Dieses Verb ersetzt im Präsensstamm das fehlende Passiv des Verbs *facere* (machen, tun). Es wird wie *audire* nach der i-Konjugation gebeugt. Bis auf den Infinitiv Präsens (1) werden nur dem Aktiv zugeordnete Formen verwendet (2):

(1)	*fieri*	**werden**
(2)	*fio …*	**ich werde (gemacht) …**
	fiebam …	**ich wurde (gemacht) …**
	fierem …	**ich würde (gemacht) werden …**

Das Hilfsverb *esse*

Das Hilfsverb *esse* dient zur Bildung der zusammengesetzten Zeiten, kann unter Umständen aber auch als Vollverb verwendet werden:

Deus est.	**Gott ist (existiert).**

Präs. Ind.	*sum*	Perf. Ind.	*fui*
	ich bin		**ich bin gewesen**
	es		*fuisti*
	est		*fuit*

➜

	sumus		*fuimus*
	estis		*fuistis*
	sunt		*fuerunt*
Präs. Konj.	*sim*	Perf. Konj.	*fuerim*
	sis		*fueris*
	sit		*fuerit*
	simus		*fuerimus*
	sitis		*fueritis*
	sint		*fuerint*
Imp. Ind.	*eram*	Plusquamperf.	*fueram*
	eras	Ind.	*fueras*
	erat		*fuerat*
	eramus		*fueramus*
	eratis		*fueratis*
	erant		*fuerant*
Imp. Konj.	*essem*	Plusquamperf.	*fuissem*
	esses	Konj.	*fuisses*
	esset		*fuisset*
	essemus		*fuissemus*
	essetis		*fuissetis*
	essent		*fuissent*
Futur I	*ero*	Futur II	*fuero*
	eris		*fuerit*
	erit		*fuerit*
	erimus		*fuerimus*
	eritis		*fueritis*
	erint		*fuerint*
Imperativ I	*es*	Infinitiv Perf.	*fuisse*
	este		
Imperativ II	*esto*		
	estote		
	sunto		

Die unregelmäßigen Verben

Wie auch im Deutschen gibt es im Lateinischen eine ganze Anzahl von Verben, deren Verbalstamm bei der Flexion außergewöhnlichen lautlichen Veränderungen unterworfen ist. Sie gelten aus diesem Grund als unregelmäßige Verben.

In den nachfolgenden Tabellen werden die wichtigsten unregelmäßigen Verben des Lateinischen, geordnet nach Konjugationsklassen, aufgeführt. Genannt werden der Reihenfolge nach eine Form des Präsensstamms (1. Pers. Sg. Präs. Ind. Akt.), eine Form des Perfektstammes (1. Pers. Sg. Perf. Ind. Akt.) und eine Form des Partizipialstammes (Part. Perf. Pass. oder Part. Fut. Akt.). Wobei anzumerken ist, dass nur die einfachen Verben aufgeführt sind. Komposita, also mit einem Präfix versehene Verben, sind ausschließlich dann mit einem Beispiel vertreten, wenn sich der Verbalstamm durch die Präfigierung lautlich verändert hat oder andere Besonderheiten vorliegen. Es kann demnach davon ausgegangen werden, dass alle übrigen Komposita jeweils dieselben Stammformen wie die hier zusammengestellten Beispiele aufweisen.

a-Konjugation

(ad)iuvare	**helfen**	*(ad)iuvo (ad)iuvi (ad)iutum*
constare	**bestehen, kosten**	*consto constiti constaturus*
cubare	**liegen**	*cubo cubui cubitum*
dare	**geben**	*do dedi datum* (Komposita → kons. Konjugation: *edere*)
domare	**zähmen**	*domo domui domitum*
lavare	**waschen**	*lavo lavi lautum*
stare	**stehen**	*sto steti staturus*
vetare	**verbieten**	*veto vetui vetitum*

e-Konjugation

arcere	**abhalten**	*arceo arcui –*
augere	**vermehren**	*augeo auxi auctum*
censere	**schätzen, meinen**	*censeo censui censum*
complere	**anfüllen**	*compleo complevi completum*
delere	**zerstören**	*deleo delevi deletum*
docere	**lehren**	*doceo docui doctum*
flere	**weinen**	*fleo flevi fletum*
habere	**haben, halten**	*habeo habui habitum*
iubere	**befehlen**	*iubeo iussi iussum*

→

manere	bleiben	*maneo mansi mansurus*
merere	verdienen	*mereo merui meritum*
movere	bewegen	*moveo movi motum*
nocere	schaden	*noceo nocui nocitum*
placere	gefallen	*placeo placui placitum*
respondere	antworten	*respondeo respondi responsum*
sedere	sitzen	*sedeo sedi sessum*
solere	gewohnt sein	*soleo solitus sum*
tacere	schweigen	*taceo tacui taciturus*
tenere	halten	*teneo tenui –*
terrere	erschrecken	*terreo terrui territum*
videre	sehen	*video vidi visum*

i-Konjugation

aperire	öffnen	*aperio aperui apertum*
advenire	ankommen	*advenio adveni adventum*
comperire	erfahren	*comperio comperi compertum*
consentire	übereinstimmen	*consentio consensi consensum*
convenire	zusammenkommen	*convenio conveni conventum*
finire	beenden	*finio finivi finitum*
invenire	erfinden	*invenio inveni inventum*
haurire	schöpfen	*haurio hausi haustum*
reperire	auffinden	*reperio repperi repertum*
scire	wissen	*scio scivi scitum*
sentire	fühlen, meinen	*sentio sensi sensum*
venire	kommen	*venio veni ventum*
vincire	binden	*vincio vinxi vinctum*

Konsonantische Konjugation

agere	betreiben, tun, verhandeln	*ago egi actum*
alere	nähren	*alo alui al(i)tum*
aspicere	erblicken	*aspicio aspexi aspectum*
cadere	fallen	*cado cecidi casurus*
occidere	untergehen	*occido occidi –*
caedere	niederhauen	*caedo cecidi caesum*
occidere	töten	*occido occidi occisum*
capere	fassen	*capio cepi captum*
cedere	gehen, weichen	*cedo cessi cessum*
cognoscere	erkennen	*cognosco cognovi cognitum*
colere	bebauen, pflegen, ehren	*colo colui cultum*
consulere	um Rat fragen, sorgen	*consulo consului consultum*
cupere	wünschen	*cupio cupivi cupitum*
currere	laufen	*curro cucurri cursum*
concurrere	zusammenlaufen	*concurro concurri concursum*
decernere	beschließen	*decerno decrevi decretum*
defendere	verteidigen	*defendo defendi defensum*
descendere	hinabsteigen	*descendo descendi descensum*
desinere	aufhören	*desino desii desitum*
dicere	sagen	*dico dixi dictum*
discere	lernen	*disco didici –*
dividere	teilen	*divido divisi divisum*
ducere	führen	*duco duxi ductum*
edere	herausgeben	*edo edidi editum*
emere	kaufen	*emo emi emptum*
facere	machen	*facio feci factum*
fallere	täuschen	*fallo fefelli –*
fugere	fliehen	*fugio fugi fugiturus*

➜

fundere	gießen	*fundo fudi fusum*
fungi	verwalten	*fungor functus sum*
gerere	tragen, ausführen	*gero gessi gestum*
gignere	erzeugen	*gigno genui genitum*
gradi	schreiten	*gradior gressus sum*
iacere	werfen	*iacio ieci iactum*
incendere	anzünden	*incendo incendi incensum*
labi	gleiten	*labor lapsus sum*
legere	lesen	*lego legi lectum*
deligere	auswählen	*deligo delegi delectum*
aber:		
diligere	lieben	*diligo dilexi dilectum*
ebenso:		
intellegere	verstehen	
neglegere	vernachlässigen	
loqui	sprechen	*loquor locutus sum*
ludere	spielen	*ludo lusi lusum*
mittere	schicken	*mitto misi missum*
mori	sterben	*morior mortuus sum*
nasci	geboren werden	*nascor natus sum*
oblivisci	vergessen	*obliviscor oblitus sum*
parcere	schonen	*parco peperci parsurus*
pati	leiden	*patior passus sum*
pellere	treiben, stoßen	*pello pepuli pulsum*
depellere	vertreiben	*depello depuli depulsum*
petere	zu erreichen suchen	*peto petivi petitum*
ponere	stellen, setzen, legen	*pono posui positum*
poscere	fordern	*posco poposci (postulatum)*
prehendere	ergreifen	*prehendo prehendi prehensum*
premere	drücken	*premo pressi pressum*
proficisci	aufbrechen	*proficiscor profectus sum*
quaerere	suchen, fragen	*quaero quaesivi quasitum*

➜

rapere	rauben	*rapio rapui raptum*
eripere	entreißen	*eripio eripui ereptum*
regere	lenken, leiten	*rego rexi rectum*
relinquere	zurücklassen	*relinquo reliqui relictum*
rumpere	brechen	*rumpo rupi ruptum*
scribere	schreiben	*scribo scripsi scriptum*
sequi	folgen	*sequor secutus sum*
serere	reihen	*sero serui sertum*
sinere	lassen	*sino sivi situm*
sistere	stellen, sich hinstellen	*sisto steti statum*
resistere	widerstehen	*resisto restiti –*
solvere	lösen, zahlen	*solvo solvi solutum*
statuere	aufstellen, feststellen	*statuo statui statutum*
tangere	berühren	*tango tetigi tactum*
tendere	spannen, strecken	*tendo tetendi tentum*
contendo	eilen, behaupten, kämpfen	*contendi contentum*
tollere	aufheben, beseitigen	*tollo sustuli sublatum*
tegere	bedecken	*tego texi tectum*
texere	weben	*texo texui textum*
trahere	ziehen	*traho traxi tractum*
tribuere	zuteilen	*tribuo tribui tributum*
ulscisci	rächen	*ulciscor ultus sum*
uti	gebrauchen	*utor usus sum*
ungere	salben	*unguo unxi unctum*
urere	(ver)brennen (trans.)	*uro ussi ustum*
vertere	wenden	*verto verti versum*
vincere	siegen	*vinci vici victum*
vivere	leben	*vivo vixi victum*
volvere	wälzen	*volvo volvi volutum*
vomere	speien	*vomo vomui vomitum*

ÜBUNGEN: DAS VERB II

1. ÜBERSETZEN SIE!

a. tueamur ______________________

b. admiremini ______________________

c. reguntur ______________________

d. fatere ______________________

e. habere ______________________

f. sequuntur ______________________

g. contigit ______________________

h. iuvat ______________________

i. consuevimus ______________________

j. interest ______________________

k. oportet ______________________

l. odit ______________________

2. ERGÄNZEN SIE!

(Beispiel: hortari-hortandus-hortans-hortaturus)

a. fateri ______________________

b. _____ verendus ______________

c. ________________ largiturus

d. ____________ admirans ______

3. ÜBERSETZEN SIE!

a. oderint ______________________

b. consuevistis ______________________

c. apparet ______________________

d. novistis ______________________

e. meminerunt ______________________

f. inquit ______________________

4. ORDNEN SIE NACH GEGENWART (I), VERGANGENHEIT (II) UND ZUKUNFT (III)!

a. noles ______________________

b. malumus ______________________

c. vellem ______________________

d. voluisti ______________________

e. nolim ______________________

f. volens ______________________

5. BILDEN SIE DIE ENTSPRECHENDE FORM! (Bsp.: possum/fero)

a. potestis ______________________

b. potero ______________________

c. posset ______________________

d. potes ______________________

e. poterit ______________________

f. ______________________ ferunt

g. ______________________ fert

h. ______________________ ferat

i. ______________________ ferre

j. ______________________ feres

6. WELCHE FORM PASST NICHT ZU DEN ANDEREN?

a. eo-fio-sum-ito
b. fuit-iit-voluit-poterit
c. fert-vult-potes-maluit
d. i-es-fer-noli-potui
e. istis-potestis-fertis-estis

7. ERGÄNZEN SIE DIE STAMMFORMENREIHE!

(Bsp.: laudo-laudavi-laudatum-laudare)

a. _______ contendi ____________
b. _______________________ augere
c. _______ terrui ______________
d. alo ________________________
e. ____________ haustum _______
f. respondeo ___________________
g. _______ iussi _______________
h. ____________ fugiturus _______
i. _______ serui _______________
j. _______ victum ______________
k. _______ verti _______________
l. ______________ tactum _______

8. ORDNEN NACH 2. PERSON (I), PRÄSENS (II) UND AKTIV (III)!

a. regebaris
b. rumpuntur
c. scriberet
d. depelli
e. vomuit

9. SETZEN SIE DIE RICHTIGEN PRÄDIKATE EIN!

(accusavit-fuit-expellit-defendit-legit-fecit creatur-praefuerat-creat-scripsit-rexit-poscit) (es bleiben Formen übrig)

a. Cicero a Romanis consul ________
b. Catilinam ex urbe ____________
c. Verrem, qui Siciliae _______, ____
d. Marcellum, qui hostis Caesaris __, _

10. WELCHE FORM PASST NICHT ZU DEN ANDEREN?

a. traxi-sivi-noli-volui
b. tribuere-statuere-serere-fatere
c. vivit-misit-petit-regit
d. quaerat-rapiat-ludat-lavat-currat
e. facio-gigno-capito-cedo-aspicio

11. DIE PERFEKTFORMEN ERGEBEN DEN NAMEN EINES RÖMISCHEN POLITIKERS!

a. cedis
b. seruit
c. ussimus
d. vincitis
e. legit
f. rumpunt
g. lapsi
h. poscit
i. mittunt
j. aspexit

12. ORDNEN SIE NACH PRÄSENS (I) UND PERFEKT (II)!

a. defendunt
b. divisit
c. dicit
d. occidunt
e. emerunt
f. rumpit
g. relinquunt
h. dilexerunt

DAS VERB III: DIE INFINITE VERBFORM

Diejenigen Verbformen, die keine Auskunft über die Person geben, werden als infinit (unbestimmt) bezeichnet. Weil sie wie Adjektive oder Substantive verwendet werden und damit Eigenschaften von Nomen aufweisen, werden sie auch unter der Bezeichnung Nominalformen zusammengefasst. Zu ihnen zählen der Infinitiv (Nennform) und das Partizip (Mittelwort). Das Lateinische kennt darüber hinaus im Unterschied zum Deutschen noch das Gerund, das Gerundiv und das Supin.

Der Infinitiv

Es gibt einen Infinitiv Präsens, Infinitiv Perfekt und einen Infinitiv Futur. Alle drei sind sowohl im Aktiv als auch im Passiv vorhanden.

		Aktiv		Passiv
Präsens	(e-Konj.)	*mone-re*	**mahnen**	*mone-ri*
	(a-Konj.)	*visita-re*	**besuchen**	*visita-ri*
	(i-Konj.)	*audi-re*	**hören**	*audi-ri*
	(kons. K.)	*reg-e-re*	**lenken**	*reg-i*
Perfekt		*monu-isse*		*monitum, -am, -um esse*
Futur		*moni-turum, -am, -um esse*		*moni-tum iri*

INFOKASTEN

Die Form des Infinitiv Futur Passiv bleibt immer unverändert.

Der Infinitiv gibt keine Zeitstufe, sondern das zeitliche Verhältnis des mit ihm ausgedrückten Geschehens zu dem vom finiten (Hilfs-)Verb ausgedrückten an. Der Infinitiv Perfekt bezeichnet dabei die Vorzeitigkeit der Handlung (1), der Infinitiv Präsens deren Gleichzeitigkeit (2) und der Infinitiv Futur deren Nachzeitigkeit (3):

(1) *Erravisse te piget / piguit / pigebit.*
Geirrt zu haben, beschämt / beschämte / wird dich beschämen.

(2) *Venire non potest / potuit / poterit.*
Er kann / konnte / wird nicht kommen können.

(3) *Non ignorabam amicum venturum esse.*
Ich wusste ganz genau, dass mein Freund kommen werde.

Der Akkusativ mit Infinitiv

Bei gewissen transitiven Verben kann im Lateinischen zu dem von diesem Verb verlangten Objekt noch ein Infinitiv hinzutreten.

> **INFOKASTEN**
>
> Man spricht dann von einem Akkusativ mit Infinitiv (accusativus cum infinitivo).

Eigentlich handelt es sich dabei um eine dem doppelten Akkusativ ähnliche Konstruktion, denn das transitive Verb nimmt zwei Ergänzungen in der Funktion eines direkten Objekts zu sich (vgl. S. 82, (3), (4): ich höre sie (was?) singen). Im Laufe der Zeit sind diese beiden ursprünglich selbstständigen Teile so eng zusammengewachsen, dass sie schließlich ihren je eigenen Objektcharakter verloren haben und eine in sich geschlossene Einheit geworden sind, die als Ganzes das Akkusativobjekt des Satzes bildet.

> **INFOKASTEN**
>
> Bei einem Akkusativ mit Infinitiv handelt es sich also nicht um einen Nebensatz (er wird deshalb im Lateinischen auch nicht mit einem Komma abgetrennt).

Dass es sich bei dieser Konstruktion nicht um einen Gliedsatz handelt, sondern um ein Satzglied, ist daran erkennbar, dass eine einleitende Konjunktion fehlt und dass die Personal- bzw. die Possessivpronomen bei Subjektbezug durch ihre reflexiven Formen ausgedrückt werden (1):

(1)	*Se recte fecisse putat.*	**Er meint, richtig gehandelt zu haben.**
	Aber:	
	Eum recte fecisse puto.	**Ich meine, dass er richtig gehandelt hat.**

Stimmen das Subjekt des Infinitivs und des übergeordneten Nomens miteinander überein, so muss es dennoch im Akkusativ mit Infinitiv durch das Personalpronomen im Akkusativ ausgedrückt werden (2):

(2) *Te recte fecisse putas.*
Du glaubst, richtig gehandelt zu haben.

Die Konstruktion Akkusativ mit Infinitiv ist im Deutschen nur in sehr wenigen Fällen möglich (3). Im Lateinischen liegt der Fall jedoch anders, hier ist sie eine typische Konstruktion. Sie lässt sich allerdings kaum jemals wörtlich übersetzen. Vielmehr entspricht sie im Deutschen einem dass-Satz, der eine solche Konstruktion in der Regel am besten wiedergibt (4):

(3)	*Audio eam canere.*	**Ich höre sie singen.** **Ich höre, dass sie singt.**
(4)	*Scio te advenisse.*	**Ich weiß, dass du angekommen bist.**

INFOKASTEN

Der zum Infinitiv gehörige Akkusativ wird hierbei zum Subjekt des Nebensatzes, der Infinitiv selbst zu dessen Prädikat.

Ein Akkusativ mit Infinitiv kann neben dem namengebenden Akkusativ natürlich auch noch einen weiteren Akkusativ, etwa in der Funktion eines direkten Objekts (5), beinhalten:

(5)	*Scio te hoc fecisse.*	**Ich weiß, dass du das getan hast.**

Die Verben, die mit einem Akkusativ mit Infinitiv verbunden werden können, werden in der folgenden Tabelle aufgeführt:

– Verben des Sagens, z. B.:			
dicere	**sagen**	*scribere*	**schreiben**
negare	**abstreiten**	*tradere*	**überliefern**
– Verben der geistigen und sinnlichen Wahrnehmung, z. B.:			
audire	**hören**	*credere*	**glauben**
scire	**wissen**	*sentire*	**fühlen**
sperare	**hoffen**	*videre*	**sehen**
– Verben der Gefühlsäußerung, z. B.:			
dolere	**Schmerz empfinden**	*gaudere, laetari*	**sich freuen**
mirari	**sich wundern**	*queri*	**klagen**

→

– ferner			
constat	**es ist bekannt**	*fallit*	**es entgeht**
– außerdem:			
iubere	**befehlen**	*seinere*	**lassen**
pati	**erdulden**	*vetare*	**verbieten**
– schließlich (bei Verschiedenheit vom Subjekt des übergeordneten Verbs und des Infinitivs):			
cupere	**wollen**	*malle*	**lieber wollen**
nolle	**nicht wollen**	*velle*	**wollen**

So wie bei der Umsetzung eines Satzes mit transitivem Verb ins Passiv das vorhandene direkte Objekt zum Subjekt des umgeformten Satzes wird, so wird auch bei Verben, nach denen ein Akkusativ mit Infinitiv steht, durch eine derartige Umwandlung aus dem Akkusativ ein Nominativ (6). Dementsprechend heißt eine solche Konstruktion Nominativ mit Infinitiv.

(6)	*Dicor amicus tui esse.*	**Ich soll dein Freund sein.**

Das Supin

Das Supin ist eine vom Verb abgeleitete Form mit dem Charakter eines Substantivs. Seine Bildung gleicht einem Partizipialstamm, an den entweder das Suffix *-tum* (1) oder das Suffix *-tu* (2) angehängt ist.

Das Supin I

Das Supin auf *-tum* steht nach Verben, die die Vorstellung einer zielgerichteten Bewegung enthalten, z. B. *ire* (gehen), *venire* (kommen), *mittere* (schicken, gehen lassen) und *dare* (geben). Es bezeichnet das Ziel einer Handlung (3):

(1) (3)	*pabulatum mittere*	**zum Futterholen schicken**

Das Supin II

Das Supin auf *-tu* steht vor allem nach Adjektiven, die bewertenden Charakter haben (4):

(2) (4)	*difficile factu*	**schwer zu tun**
	mirabile dictu	**wunderbar zu sagen**

Das Gerund

Im Deutschen kann der Infinitiv Präsens Aktiv substantiviert werden (lesen → das Lesen). So zum Nomen geworden, kann er auch dekliniert werden (des Lesens, dem Lesen). Im Lateinischen stellt das Gerund ersatzweise Formen für die fehlenden Kasusendungen des Infinitivs zur Verfügung (1). An den Präsensstamm wird das Bildemittel *-nd-*, an dieses wiederum eine Endung der 1. Deklination angefügt.

(1)	*ars legendi*	**die Kunst des Lesens**
	leg-e-ndi	**des Lesens**
	leg-e-ndo	**dem Lesen**
	ad leg-e-ndum	**zum Lesen**
	leg-e-ndo	**durch (das) Lesen**

INFOKASTEN

Obwohl es substantivisch verwendet wird, hat das Gerund seinen verbalen Charakter bewahrt. Es ist quasi eine Mischung aus Verb und Substantiv. Dies zeigt sich darin, dass es durch ein Adverb (2) näher bestimmt werden kann und dass es diejenigen Objekte zu sich nehmen kann, die es als finites Verb erfordert (3).

(2)	*ars recte legendi*	**die Kunst, richtig zu lesen**
(3)	*ars libros recte legendi*	**die Kunst, Bücher richtig zu lesen**

Das Gerundiv

Beim Gerundiv handelt es sich um eine vom Verb abgeleitete Form mit adjektivischem Charakter. Es ist quasi eine Mischform aus Verb und Adjektiv. Es wird auf dieselbe Weise gebildet wie das Gerund und weist infolgedessen auch gleiche Formen auf. Allerdings wird es wie ein dreiendiges Adjektiv der 2. und 1. Deklination gebeugt (1):

(1)	*accusandus*	*accusanda*	*accusandum*
	einer, der	**eine, die**	**etwas, das anzuklagen ist**

Mit seinem Bezugswort stimmt das Gerundiv immer in Genus, Kasus und Numerus überein (vgl. S. 102, Kongruenz) (2):

(2)	*in commemoranda calamitate*	**bei der Schilderung des Unglücks**

Es kann attributiv (3) und prädikativ (4) verwendet werden, aber auch die Funktion eines Prädikativums (5) übernehmen:

(3)	*levitas multanda*	**sträflicher Leichtsinn**
(4)	*Luxuria vituperanda est.*	**Verschwendungssucht ist tadelnswert.**
(5)	*Amico dat librum legendum.*	**Er gibt dem Freund ein Buch zum Lesen.**

Es drückt aus, dass eine Handlung vollzogen wird (6) oder vollzogen werden soll (7):

(6)	*in amicis eligendis*	**bei der Auswahl von Freunden**
(7)	*Ceterum censeo Carthaginem esse delendam.*	**Im Übrigen bin ich der Meinung, dass Karthago zerstört werden muss.**

Das Partizip

Das Partizip (Mittelwort) ist vom Verbum abgeleitet. Gebraucht wird es wie ein Adjektiv. Infolgedessen lässt es sich ebenso wie dieses deklinieren. Das Partizip ist eine Mischform aus Verb und Adjektiv, dessen verbale Natur sich darin offenbart, dass es durch Objekte ergänzt werden kann.

Die Bildung der Partizipien

Das Partizip Präsens (Aktiv) wird mit der Endung *-ns, -ntis* vom Präsensstamm abgeleitet (1):

(1)	*mone-ns, mone-ntis*	**einer, der; eine, die mahnt**

Das Partizip Futur (Aktiv) wird aus dem Partizipialstamm gebildet; an ihn wird die Endung *-turus, -a, -um* angefügt (2):

(2)	*moni-turus, -a, -um*	**einer, der; eine, die; etwas, das mahnen wird**

Das Partizip Perfekt Passiv wird ebenfalls vom Partizipialstamm abgeleitet; an ihn tritt die Endung *-tus, -a, -um* (3):

(3)	*moni-tus, -a, -um*	**einer, der; eine, die; etwas, das gemahnt worden ist**

	Aktiv	Passiv
Präsens	*mone-ns, -ntis*	
Futur	*moni-turus, -a, -um*	
Perfekt		*moni-tus, -a, -um*

INFOKASTEN

Da die Deponentien eine aktive Bedeutung haben, hat bei ihnen die Form des Partizips Perfekt Passiv im Grunde genommen sinngemäß die Funktion eines Partizips Perfekt Aktiv – das es im Übrigen auch im Deutschen nicht gibt (4):

(4) *hortatus, -a, -um* **einer, der gemahnt hat**
arbitratus, a, um **meinend**

Die Deklination der Partizipien

Das Partizip Präsens wird dekliniert wie die einendigen Adjektive der 3. Deklination (Abl. Sing. aber nur bei attributiver Verwendung auf *-i*) (5):

(5) *Amantes amentes.* **Verliebt, verrückt.**

Das Partizip Futur und das Partizip Perfekt Passiv werden wie die dreiendigen Adjektive der 2. und 1. Deklination gebeugt (6):

(6) *miles equo vulnerato deiectus*
der von seinem verwundeten Pferd herabgestürzte Soldat
(6) *morituri* **die Todgeweihten**

Die Verwendung des Partizips

Wie auch der Infinitiv drückt das Partizip keine Zeitstufe, sondern ein Zeitverhältnis aus, nämlich das Partizip Perfekt Passiv das der Vorzeitigkeit (7), das Partizip Präsens das der Gleichzeitigkeit (8) und das Partizip Futur das der Nachzeitigkeit (9):

(7)	*Locutus tacebo.*	**Nachdem ich gesprochen habe, werde ich schweigen.**
(8)	*Milites fugientes occisi sunt.*	**Die Soldaten wurden auf der Flucht getötet.**
(9)	*Spectaturus venio.*	**Ich komme, um zu schauen.**

Das Partizip kann attributiv sowie prädikativ, darüber hinaus aber auch als Prädikativum und als Adverbiale verwendet werden.

Die Verwendung als Attribut

Wenn das Partizip als attributives Partizip verwendet wird, beschreibt es sein übergeordnetes Nomen näher (10):

(10)	*studium ardens*	**glühender Eifer**

Die Verwendung als Prädikatsnomen

Als prädikatives Partizip ergänzt es das Hilfsverb *esse* oder ein kopulatives Verb zu einem vollständigen Prädikat (11):

(11)	*Omnes sumus appetentes gloriae.*	**Wir sind alle ruhmbegierig.**

Die Verwendung als Prädikativum

Als Prädikativum setzt das Partizip eine an sich eigenständige Handlung mit dem durch die finite Verbform wiedergegebenen Geschehen inhaltlich in Verbindung. Deshalb wird es in dieser Verwendung auch *participium coniunctum,* d. h. »verbundenes Partizip«, genannt. Indem es das Verhältnis des Bezugswortes zur Handlung des Hauptverbs ausdrückt, macht es zusätzlich nähere Angaben zu diesem übergeordneten Nomen. Mit ihm stimmt es in Kasus, Genus und Numerus überein (12):

(12) *Caesar milites cohortatus proelii committendi signum dedit.*
Nachdem er die Soldaten aufgemuntert hatte, gab Cäsar das Zeichen zum Angriff.

Die Verwendung als Adverbiale: Der Ablativ mit Partizip

Bei der adverbialen Verwendung ist ein nominales Satzglied im Ablativ um ein Partizip erweitert. Infolgedessen wird diese nur im Lateinischen vorhandene, dort aber äußerst häufige Konstruktion als *Ablativ mit Partizip* bezeichnet. Weil der Ablativ irgendwann nicht mehr aufgrund seiner eigentlichen Bedeutung gesetzt wurde, sondern die Konstruktion sich hiervon loslöste und immer mehr verselbstständigte, der Ablativ (mit Partizip) also nicht mehr erfragbar war, galt er als *Ablativus absolutus,* d. h. »losgelöster Ablativ«. Soweit er als Adverbiale die näheren Umstände der Verbalhandlung erläutert, besteht diese Bezeichnung zu Unrecht.

Das Partizip kann bisweilen durch ein Substantiv (13) oder Adjektiv (14) in der Funktion eines Prädikatsnomens vertreten werden:

(13) *Patre ignaro profectus est.*
Er ist ohne Wissen des Vaters aufgebrochen.
(14) *Natura duce non erramus.*
Mit der Natur als Führerin irren wir nicht.

INFOKASTEN

Beim *Participium coniunctum* ist der Handlungsträger der Partizipialkonstruktion mit der durch das Bezugswort vertretenen Person oder Sache identisch. Der Handlungsträger des *Ablativus absolutus* hingegen steht in keiner Verbindung mit einem anderen Nomen des Satzes. Der *Ablativus absolutus* hat kein Bezugswort im übrigen Satz und ist grammatisch gesehen vom restlichen Satz isoliert: *absolutus* heißt demnach auch »losgelöst«.

Übersetzungsmöglichkeiten von *Participium coniunctum* und *Ablativus absolutus* ins Deutsche:

Beide Konstruktionen dienen dazu, Gliedsätze zu ersetzen. Kennzeichnend ist ihre formale Knappheit. Sie bringt es mit sich, dass der inhaltliche Zusammenhang ihrer Aussage im Verhältnis zur Verbalhandlung nicht zum Ausdruck gebracht wird, sondern vom Leser ergänzt werden muss. Dies stellt eine Schwierigkeit bei der Umsetzung dieser Konstruktionen ins Deutsche dar.

Erschwerend kommt hinzu, dass der Ablativ mit Partizip dem Lateinischen eigentümlich ist. Er kann folglich im Deutschen nur durch andere Konstruktionen wiedergegeben werden.

Die Verwendung des Partizips als Prädikativum hat im Deutschen zwar eine Entsprechung, im Lateinischen ist sie indes ungleich häufiger zu beobachten; auch hier muss also bei der Übersetzung in vielen Fällen nach anderen, vergleichbaren Konstruktionen gesucht werden.

Zuerst gilt es, die Sinnrichtung der jeweiligen Konstruktion herauszufinden. Sie kann kausal (15), konditional (16), konzessiv (17), modal (18) oder temporal (19) sein:

(15) *Caesar infirmitatem Gallorum veritus, nihil his committendum existimavit.*
Weil Cäsar die Unbeständigkeit der Gallier fürchtete, glaubte er ihnen nichts anvertrauen zu dürfen.

(16) *Ne mente quidem recte uti possumus multo cibo et potione completi.*
Wenn wir viel gegessen und getrunken haben, können wir nicht einmal unseren Verstand richtig gebrauchen.

(17) *Defectio datis obsidibus Caesarem ad bellum contra Venetos incitabat.*
Obwohl sie Geiseln gestellt hatten, trieb ihr Abfall Cäsar zum Krieg gegen die Veneter.

(18) *Milites multis telis coniectis defensores vallo depellerent.*
Die Soldaten vertrieben die Verteidiger vom Wall, indem sie viele Wurfgeschosse auf sie schleuderten.

(19) *His constitutis rebus naves solvit.*
Nachdem er dies beschlossen hatte, lichtete er die Anker.

INFOKASTEN

Statt einer sehr häufig möglichen temporalen Wiedergabe ist manchmal auch eine präpositionale Wendung angemessen oder erforderlich: „Nach dem Beschluss ..."

Als Übersetzungsmöglichkeit bieten sich die Beiordnung (20), Unterordnung (21) oder die Umformung in einen Präpositionalausdruck (22) an:

Vastatis omnibus agris Caesar exercitum reduxit.

(20) Cäsar verwüstete alle Äcker und zog sein Heer zurück.
(21) Nachdem Cäsar alle Äcker verwüstet hatte, zog er sein Heer zurück.
(22) Nach Verwüstung aller Äcker zog Cäsar sein Heer zurück.

Gaius veste sua desposita cultum pastoris induit.

(20) Gaius legte seine Kleidung ab und zog das Gewand eines Hirten an.
(21) Nachdem Gaius seine Kleidung abgelegt hatte, zog er das Gewand eines Hirten an.
(22) Nach dem Ablegen seiner Kleidung zog Gaius das Gewand eines Hirten an.

ÜBUNGEN: DAS VERB III

1. ORDNEN SIE DIE INFINITIVE NACH VOR- (I), GLEICH- (II) UND NACHZEITIGKEIT (III)!

a. regi ______________________
b. monere ____________________
c. venturum esse ______________
d. factum esse ________________
e. dici ______________________

2. BILDEN SIE DEN ACI!

a. Marcus epistulam scripsit. Scimus.
____
b. Augustinus quinto saeculo mortuus est. Audivimus.
____
c. Vergilius et Horatius poetae Romani fuerunt. Constat.
____
d. Genus druidum in Gallia multum valet. Caesar dixit.
____

3. DIE DRITTEN BUCHSTABEN DER VERBFORMEN, DIE EINEN ACI AUSLÖSEN KÖNNEN, ERGEBEN EIN LÖSUNGSWORT!

a. narras
b. laudamus
c. oportet
d. movisti
e. comperimus
f. manserunt
g. deleas
h. tradunt

4. WELCHE FORM KANN EIN GERUND SEIN?

a. accusandas
b. legento
c. scribendi
d. lecto
e. delendam
f. vituperando
g. accusandum
h. legendi

5. ERGÄNZEN SIE DIE PASSENDEN GERUNDIVFORMEN!

(scribendae-vituperandam-delendum-monendi-aspicienda-eligendis-legendos)

a. Amicis dedimus libros ___________
b. Cives Romani ______________sunt.
c. Obliti sumus epistulae ___________
d. Cauti sumus in amicis ___________
e. Philosophus luxuriam ___esse putat.
f. Monumenta fori _____esse scimus.
g. Caesari oppidum ___esse videbatur.

6. WELCHE FORM IST EIN SUPINUM?

a. dicto
b. factu
c. manu
d. dictu
e. cornu
f. iussi
g. pabulatum

7. VERVOLLSTÄNDIGEN SIE DIE ACI-KONSTRUKTION!

(scribere-expulsum esse- venturas esse-vidisse-factum esse-gessisse-dixisse-audivisse) (es bleiben Formen übrig)

a. Scimus amicas cras ____________

b. Audivimus populum Romanum cum Hannibale bellum ______________

c. Ciceronem multos oratores Graecos ______________constat.

d. Tarquinium Superbum regem a civibus Romanos ____ Livius narrat.

e. Romani in amphitheatro spectacula cruenta __________ Martialis tradit.

8. ERGÄNZEN SIE DAS RICHTIGE PARTIZIP!

a. Siculi opem a Cicerone ________ ab eo defensi sunt.
(petenti-petitum-petentes-petito)

b. Spes in lege eos ________fefellerat.
(ponenti-positae-posita-ponentia)

c. Piratae impetum __________ cives occiderunt.
(facienti-facientes-facti-factum)

d. His rebus ______________ Caesar epistulam scripsit.
(adducens-adductum-adducentis-adductus)

9. DURCH WELCHE FORMEN KANN EIN NCI EINGELEITET WERDEN?

a. dicitis	e. narrant
b. diceris	f. dicitur
c. putamur	g. tradimur
d. putatis	h. dicunt

10. WELCHE FORM FEHLT IM ABLATIVUS ABSOLUTUS?

a. Gallorum copiis __________ Caesar rediit.
(vincens-vincentibus-victorum-victis)

b. Cicerone _____ Quintus frater Asiam profectus est.
(ignarus-ignaram-ignaro-ignari)

c. Pompeio _______ Caesar in Galliam versatus est.
(consuli-consul-consulem-consule)

d. Ponte _______ Caesar Rhenum cum legionibus transiit.
(faciens-facienti-facta-facto)

11. FÜGEN SIE ZUSAMMEN!

a. Gallorum mobilitatem veritus ______

b. Britanniam cum classe profectus __

c. Multa supervacua locutus ________

d. Eloquentiam Graecorum admiratus ______

e. Milites severe cohortatus ________

1. ________ orator tandem finem fecit.
2. ____________ Cicero orator fiebat.
3. ___________ Caesar eos admonuit.
4. ________imperator signum pugnae dedit.
5. __________ Claudius naves amisit.

12. KLASSIFIZIEREN SIE DEN ABLATIVUS ABSOLUTUS!

(kausal (I), konzessiv (II), konditional (III), modal (IV), temporal (V))

a. Tarquinio rege Pythagoras in Italiam venit.

b. Germani desperatis rebus Galliam reliquerunt.

c. Imperator sacrificiis usus est capite velato.

d. Nullis defendentibus urbs expugnatur.

DIE PRÄPOSITION

Präpositionen (Verhältniswörter) stehen, wie die Bezeichnung bereits zum Ausdruck bringt, in der Regel vor einem nominalen Satzglied. Mit ihm zusammen bilden sie einen Präpositionalausdruck, der entweder die Funktion eines Adverbials (1) oder seltener eines vom Verbum des Satzes verlangten Objekts (2) haben kann. Die meisten Präpositionen haben eine lokale, eine temporale und eine übertragene Bedeutung, die je nach Sinnzusammenhang aktualisiert wird. Charakteristisch für diese Wortart ist es, dass sie den Kasus des von ihnen dominierten Nomens steuert. Einige Präpositionen verlangen den Akkusativ, andere den Ablativ, einige wenige, abhängig von der zum Ausdruck gebrachten Ortsauffassung, den Akkusativ oder den Ablativ.

(1)	*aliquid quaerere ab aliquo*	**jemanden etwas fragen**
(2)	*in spe victoriae*	**in der Hoffnung auf Sieg**

INFOKASTEN

Eine Reihe von Präpositionen ist, zuweilen unter Veränderung der Lautgestalt, mit Verben eine feste Verbindung eingegangen. In diesen Komposita (Zusammensetzungen) ist ihre ursprüngliche Bedeutung vielfach noch erhalten (3):

(3)	*ad-ducere*	**heran-führen**
	de-silire	**herab-springen**

Präpositionen mit Nomen im Akkusativ

ad	**zu (… hin)**
adversus	**gegen**
ante	**vor**
apud	**bei**
circa, circum	**um … herum, nahe bei**
citra	**diesseits**
contra	**gegen (in feindlicher Absicht)**
erga	**gegen (in freundlicher Absicht)**
extra	**außerhalb**

→

infra	unterhalb
inter	zwischen
intra	innerhalb
iuxta	dicht bei
ob	entgegen, um Willen, wegen
per	durch
post	hinter, nach
praeter	an … vorbei, außer
prope	nahe bei
propter	wegen
secundum	längs, gemäß
supra	oberhalb
trans	über (… hinüber)
ultra	jenseits

Präpositionen mit Nomen im Ablativ

ab (vor konsonantisch anlautendem Wort oft nur *a*)	von (… weg)
cum	mit
de	von (… herab)
ex (vor konsonantisch anlautendem Wort oft nur *e*)	aus
prae	vor
pro	vor, für
sine	ohne

Präpositionen mit Nomen im Akkusativ oder Ablativ

	in		in, an, auf
(Wohin?)	*in* + Akk.:	*in provinciam ire*	in die Provinz gehen
(Wo?)	*in* + Abl.:	*in provincia esse*	in der Provinz sein
	sub		unter
(Wohin?)	*sub* + Akk.:	*sub mensam ponere*	unter den Tisch legen
(Wo?)	*sub* + Abl.:	*sub mensa iacere*	unter dem Tisch liegen

ÜBUNGEN: DIE PRÄPOSITION

1. FÜGEN SIE DIE RICHTIGE PRÄPOSITION EIN!

(e(x)-apud-cum-de-a-extra-in-sine-ante)

a. Caesar copias _____urbem instruxit.

b. Troiani ____urbem Romam conditam vixisse scimus.

c. _____Gallos genus Druidum valebat.

d. Imperator ______senatoribus curiam intrat.

e. _______muro Vercingetorix ad Gallos locutus est.

f. Cicero____pueritia _____ studio eloquentiae versatus est.

g. Non _____causa copiae Germanorum Rhenum transierunt.

h. ________sententia senatus nova lex laudatur.

2. ÜBERSETZEN SIE DIE KOMPOSITA!

a. addicere ______________________

b. inscribere ______________________

c. absolvere ______________________

d. inferre ______________________

e. explere ______________________

f. retinere ______________________

g. admovere ______________________

h. contrahere ______________________

i. perspicere ______________________

3. ORDNEN SIE DIE PRÄPOSITIONEN NACH AKKUSATIV (I) UND ABLATIV (II)!

a. pro

b. propter

c. praeter

d. ob

e. prae

f. secundum

g. per

h. cum

i. sine

j. post

4. WIE LAUTET DIE RICHTIGE PRÄPOSITION?

a. Hadrianus imperator _____Graeciam profectus est. (e(x)-in-de-pro-prae)

b. _____lapide latet anguis. (apud-in-sub-prope)

c. Helvetii iter _____provinciam facere voluerunt. (a-sine-prae-pro-per-post)

d. _______montes et fluvium Pompeius castra posuit. (in-prae-sine-inter-sub)

e. Pellibus ________vestimentis utuntur homines ________Germanos. (in-sub-apud-per-pro-extra-propter)

f. Militibus ___muros urbis versari non licebat. (sub-propter-contra-per-intra)

g. Vicos, qui ____Alesiam sunt, Caesar delevit. (pro-in-per-prae-circa)

5. WELCHER KASUS FOLGT DER PRÄPOSITION?

a. Caesar in ____________(Gallia) venit.

b. Cicero in _____(urbs) consul creatur.

c. Romani Germanos in _______(silvae) pepulerunt.

d. Sub _____(oculus) Ciceronis Catilina in _____(senatus) venit.

6. VERBINDEN SIE GRAMMATISCH RICHTIG UND INHALTLICH SINNVOLL!

a. per________ 1. Romam situs locus
b. sine___________ 2. cives servatos
c. ob_____________ 3. muros expelli
d. extra_________ 4. causa vituperari
e. apud________ 5. regiones Italiae ire

7. WELCHE PRÄPOSITION PASST?

a. Philosophus dixit ________naturam vivendum esse.
(sine-de-prae-secundum-extra)
b. Cicero Verrem gravi________causa accusavit.
(propter-de-per-apud-praeter)
c. Caesar legatos ______auctoritate ad Helvetios misit.
(intra-propter-ante-adversus-cum)
d. Ariovistus copias Germanorum_____ Rhenum misit.
(inter-de-sub-intra-trans)
e. Omnes _________unum sententiam imperatoris probabant.
(sine-ab-extra-sub-praeter)
f. Cicero Quintum fratrem __epistulas docebat. (in-sub-per-pro-praeter)
g. __________oppidum Caesar murum aedificare iussit. (ab-prae-infra-pro-sine)
h. Orator ____iudices orationem habuit.
(prae-extra-pro-de-apud)
i. Caesar __Haeduis auxilium quaesivit.
(apud-inter-ab-propter-praeter)
j. Vercingetorix diu __spe victoriae erat.
(prope-ex-inter-extra-in)
k. Caesar multis _______causis statuit Rhenum esse transeundum.
(propter-per-praeter-de-intra)

8. FINDEN SIE DREI FALSCH VERWENDETE PRÄPOSITIONEN!

a. Vercingetorix Gallos pro libertate pugnare iussit.
b. Ex senatus sententia Ocavianus appellabatur Augustus.
c. In amicis eligendis Caesar non cautus erat.
d. Milites in Britannia inter navibus desilire debebant.
e. Aeneas prae lacrimis loqui non poterat.
f. Urbs Roma anno septingentesimo quinquagesimo tertio prae Christum natum condita est.
g. Adventu Caesaris Aegyptus per Cleopatra regnabatur.
h. In epistula quadam Plinius de eruptione Vesuvii montis narrat.

9. WÄHLEN SIE DAS RICHTIGE VERBUM KOMPOSITUM!

a. Ulixes equum ligneum ad portas Troiae _____ movere iussit.
(circum-, per-, a-, ad-, com-)
b. Laocoon dolum Ulixis ______spexit.
(in-, per-, con-, a-, circum-)
c. Praeclarus Ciceronis liber «De re publica» ______scribitur.
(per-, circum-, in-, con-, ad-)
d. Caesar Germanos, qui Rhenum transierant, ______pellere iussit.
(com-, in-, a-, re-)

DIE KONJUNKTION

Im Lateinischen lassen sich wie auch im Deutschen grundsätzlich zwei Arten von Konjunktionen (Bindewörtern) unterscheiden: beiordnende und unterordnende Konjunktionen.

Beiordnende Konjunktionen

Diese Konjunktionen verknüpfen gleichwertige Satzglieder (1) oder Sätze (2) miteinander, ohne ihnen selbst anzugehören:

(1) *Lupa Romulum et Remum nutrivit.*
Eine Wölfin säugte Romulus und Remus.

(2) *Gemini adoleverunt et urbem Romam condiderunt, sed controversiam de imperio novae urbis habuerunt.*
Die Zwillinge wuchsen heran und gründeten die Stadt Rom, bekamen jedoch Streit wegen der Herrschaft über die neue Stadt.

Sie lassen sich nach ihrem Sinngehalt aufgliedern in adversative (entgegensetzende) (3), disjunktive (ausschließende) (4), kausale (begründende) (5), konklusive (folgernde) (6) und kopulative (verknüpfende) (7) Konjunktionen:

(3)	*at; autem* (nachgestellt), *sed; vero* (nachgestellt); *verum*	**aber**
(3)	*tamen*	**dennoch**
(4)	*aut; seu, sive; -ve, vel*	**oder**
(5)	*enim* (nachgestellt), *nam*	**denn**
(6)	*ergo*	**folglich**
(6)	*igitur* (nachgestellt), *itaque*	**also, daher**
(7)	*ac, atque; et; -que*	**und**
(7)	*etiam; quoque* (nachgestellt)	**auch**
(7)	*nec, neque*	**und nicht, auch nicht**

Oft treten in einem Satz auch mehrere Konjunktionen in Kombination miteinander auf. Sie werden korrespondierende (einander entsprechende) Konjunktionen genannt und lassen sich der disjunktiven (4) und der kopulativen (7) Sinnrichtung zuordnen:

(4)	*aut … aut*	**entweder … oder**
(4)	*sive … sive; vel … vel*	**sei es, dass … oder, dass**
(7)	*et … et*	**sowohl … als auch**
(7)	*neque … neque*	**weder … noch**
(7)	*non modo … verum etiam, non solum … sed etiam*	**nicht nur … sondern auch**

Unterordnende Konjunktionen

Diese Konjunktionen verbinden Nebensätze mit den ihnen übergeordneten Hauptsätzen. Als einleitendes Element dieser Nebensätze sind sie Bestandteil des jeweiligen Nebensatzes und bestimmen den Modus von dessen Prädikat. Zum Teil unabhängig von dem in ihrem Gefolge auftretenden Modus können sie den durch sie eingeleiteten Nebensätzen unterschiedliche Sinnrichtungen (final, kausal, konditional, konsekutiv etc.) verleihen (vgl. S. 123, Adverbialsatz):

Sinnrichtung	Konjunktion + Modus	
final (Zweck)	*ut* + Konj.	**dass**
	ut + Konj. (nach Verben des Fürchtens)	**dass nicht**
	ne + Konj.	**dass nicht**
	ne + Konj. (nach Verben des Fürchtens)	**dass**
	quominus (nach Verben des Hinderns)	**dass**
	quo (vor einem Komparativ)	**damit**
kausal (Grund)	*cum* + Konj. (cum causale)	**da, weil**
	quod, quia quoniam + Ind. (bei objektivem Grund)	**weil**
	quod, quia quoniam + Konj. (bei subjektivem Grund)	**weil**
konditional (Bedingung)	*si* + Konj. o. Ind.	**wenn, falls**
	quodsi + Konj. o. Ind.	**wenn aber**
	nisi + Konj. o. Ind.	**wenn nicht**
	tamquam, quasi, velut, si, ac si + Konj.	**als ob, wie wenn**

→

Sinnrichtung	Konjunktion + Modus	
konsekutiv (Folge)	*ut* + Konj.	**dass, so dass**
	ut non + Konj.	**dass nicht**
	quin (nach Negation)	**dass nicht**
konzessiv (Einräumung)	*quamquam* + Ind.	**obwohl**
	cum + Konj. (cum concessivum)	**obgleich**
	quamis, licet, ut + Konj.	**wenn auch, obwohl**
	etiamsi, etsi, tametsi + Ind. o. Konj.	**wenn auch, selbst wenn**
modal (Art, Weise)	*cum* + Ind. (cum explicativum)	**indem, dadurch dass**
temporal (Zeit)	*cum* + Konj. (cum historicum)	**als**
	cum + Ind. (cum relativum)	**(damals) als**
	cum + Ind. (cum iterativum)	**sooft; jedes Mal, wenn**
	cum + Ind. (cum inversium)	**als, da**
	postquam + Ind. Perf.	**nachdem**
	dum + Ind. Präs.	**während**
	antequam, priusquam + Konj. o. Ind.	**bevor**
	dum, donec, quoad, quamdiu + Ind.	**solange (als)**
	dum, donec, quoad + Ind. o. Konj	**solange (bis)**
	ut, ubi + Ind.	**sobald**
adversativ (Gegensatz)	*cum* + Konj. (cum adversativum)	**während, wohingegen**
mehrdeutige Konjunktionen	*quin* + Konj. (nach verneinten Verben des Hinderns)	**dass**

➜

Sinnrichtung	Konjunktion + Modus	
	ne + Konj. (nach Verben des Fürchtens und Hinderns)	**dass**
	ut + Konj. (nach Verben des Fürchtens)	**dass nicht**
	dum + Konj. o. Ind.	**so lange bis**
	dum + Ind.	**so lange als**
	dum + Konj.	**wenn nur**

Im Folgenden werden lateinische Beispielsätze mit unterordnenden Konjunktionen aufgeführt:

final	*Opto, ut venias.*	**Ich wünsche, dass du kommst.**
	Timeo, ne veniat.	**Ich fürchte, dass sie nicht kommt.**
kausal	*Iulia queritur, quod destituta sit.*	**Julia beklagt sich, weil sie getäuscht worden sei.**
	Cum periti sitis, me adiuvare potestis.	**Da ihr Erfahrung habt, könnt ihr mir helfen.**
konditional	*Si hoc putes, erres.*	**Wenn du das glauben solltest, irrst du dich wohl.**
	Quodsi larvas esse credatis, erretis.	**Wenn ihr aber glaubt, dass es Gespenster gibt, irrt ihr euch.**
konsekutiv	*Nemo tam prudens est, ut omnia sciat.*	**Niemand ist so klug, dass er alles weiß.**
	Non tam difficile est, quin conari possint.	**Nichts ist so schwer, dass sie es nicht versuchen könnte.**
konzessiv	*Caesar cum facile fugere posset, noluit.*	**Obwol Caesar leicht hätte fliehen können, wollte er es nicht**
modal	*Cum tacent, clamant.*	**Indem sie schweigen, schreien sie.**
temporal	*Cum domum iremus, sol occidit.*	**Als wir nach Hause gingen, ging die Sonne unter.**
	Dum Troiani dormiunt, urbs incensa est.	**Während die Toianer schliefen, wurde die Stadt angezündet.**
adverbialer Nebensatz	*Postquam librum legit, cubitum iit.*	**Nachdem er das Buch gelesen hatte, ging er schlafen.**
adversativer Nebensatz	*Alter sedulus est, cum alter piger sit.*	**Der eine ist fleißig, während der andere faul ist.**

ÜBUNGEN: DIE KONJUNKTION

1. VERBINDEN SIE DIE AUSSAGEN DURCH DIE PASSENDEN KONJUNKTIONEN!

a. Seneca philosophus paupertatem laudavit. _______ipse magnis divitiis abundabat.
(ergo-igitur-autem-sed)

b. Cicero maximus oratorum Romanorum fuit. ______Caesar ab eo laudari voluit. (neve-autem-etiam-vero)

c. Pompeius a Romanis Magnus appellatus est. Cives __________a piratis liberaverat.
(tamen-neque-nam-enim)

d. Iuvenalis poeta sedecim saturas scripsit. ______mores civium Romanorum vituperandos esse putavit.
(enim-nam-sed-autem)

2. ERSETZEN SIE JE NACH BEDEUTUNG cum DURCH quod ODER quamquam UND ÄNDERN SIE DEN MODUS!

a. Cum legiones urbem tuerentur, cives Romani tuti erant.

____

____

b. Cum Britanni Gallis subvenissent, Caesar insulam aggressus est.

____

____

c. Cum fuisset poeta praeclarus, Augustus Ovidium in exilium pepulit.

____

____

d. Cum ipse divitiis abundaret, Seneca paupertatem laudavit.

____

____

3. STELLEN SIE SINNVOLL ZUSAMMEN!

a. Cum Caesar in Gallia fuerit, _______

b. Quamquam Varus cives Romanus erat, _______________________

c. Priusquam Italiam pervenit, _______

d. Nisi epistulam accepisti __________

1. __________ Aeneas Africam visitavit.

2. ________eam non perlegere potuisti.

3. ________tamen populum Romanum oderat.

4. _____ Helvetii per provinciam Romanam iter facere conabantur.

4. VERBINDEN SIE DIE NEBENSÄTZE DURCH PASSENDE KONJUNKTIONEN!

a. Brutus et Cassius Caesarem occiderunt, ______curiam senatus intraret.
(si-quia-quamquam-tametsi-cum)

b. Pompeius in Aegyptum fugit, ______ legiones Caesaris Romam expugnaverant.
(ne-nisi-quod-etsi)

c. Caesar coronam regiam recusavit, ________ in odium civium perveniret.
(ut-quia-postquam-ut non-ne)

d. _________patriam servavit, Cicero pater patriae appellatus est.
(ut-ne-ut non-postquam-etsi)

5. FÜGEN SIE DIE RICHTIGE KONJUNKTION EIN!

a. Sermones Socratis ignoti essent, _______ Platonem discipulum habuisset.
b. Caesar pontem rescindere iussit, _______ Germanis usui esset.
c. Facere non possum, _______multas epistulas ad te scribam.

6. WELCHE KONJUNKTION WEICHT IN DER BEDEUTUNG AB?

a. at-vero-sed-ergo-autem
b. aut-vel-verum-sive-seu
c. et-ac-atque-at
d. quod-cum-quia-quamquam

7. ERGÄNZEN SIE!

a. Caesar exercitum trans Rhenum ducere constituerat, _______
b. Galli orabant, _______
c. Etsi milites rem inutilem esse putabant, _______
d. Legum servi sumus, _______
1. ________ pons aedificatus est.
2. _________ ut liberi esse possimus.
3. _______ ne pulcherrima urbs Galliae deleatur.
4. _____ ut Germanis metum iniceret.

8. ORDNEN SIE DIE KONJUNKTIONEN!

(ne-quod-si-quamquam-dum)

a. kausal:
b. final:
c. konditional:
d. konzessiv:
e. temporal:

9. VERBINDEN SIE!

a. Galli verebantur, ____
b. Caesar timebat, ____
c. Cicero metuit, ____
d. Fieri non potest, ____
1. ____ne Britanni Gallis subvenirent.
2. ____quin epistulam perlegam.
3. ____ne Vercingetorix superaretur.
4. ____ne Catilina coniurationem faciat.

10. FÜGEN SIE DIE RICHTIGE KONJUNKTION EIN!

(quamquam-cum-quod-priusquam-quin-nisi-postquam-si-ut-dum)

a. Cicero propterea occisus est, _____ Marcum Antonium accusaverat.
b. _____ Helvetii iter faciebant, pacem cum proximis civitatibus confirmant.
c. ____fortiter pugnaverunt, Romani a Cheruscis devicti sunt.
d. ___Romani a fortuna desererentur, omnem spem in virtute ponebant.
e. Memoria minuitur, _____eam exercemus.
f. ___ Caesar cum Ariovisto colloquitur Germani appropinquabant.
g. Multis de causis acciderat, ___ Galli bellum renovarent.
h. ______ Romam venit, Marcus amphitheatrum visitavit.
i. Fieri non potest, ________orationes Ciceronis admiremur.
j. ___amitti vita beata potest, beata esse non potest.

Das Lateinische zeichnet sich dadurch aus, dass es sowohl im Bereich der Nomen als auch des Verbs ein vollständig ausgebildetes Flexionssystem aufweist. Dadurch kann die grammatische Funktion der Wörter im Satz sowie ihre Beziehung untereinander eindeutig markiert werden.

Die Wortstellung

Aus diesem Grund ist die Wort- und Satzgliedstellung im Lateinischen weitgehend frei. Mit hoher Wahrscheinlichkeit steht das finite Verb allerdings am Schluss des Satzes (1):

(1) *Orgetorix coniurationem nobilitatis fecit.*
Orgetorix zettelte eine Verschwörung des Adels an.

Die Kongruenz

Darunter versteht man die Kennzeichnung der Zusammengehörigkeit von Wörtern. Sie betrifft die Merkmale des Genus, Kasus und Numerus sowie der Person. Gefordert ist sie einerseits zwischen dem Nomen und seinem Bezugswort, andererseits zwischen Subjekt und Prädikat eines Satzes.

Ein adjektivisches Attribut stimmt immer in Genus, Kasus sowie im Numerus mit seinem Bezugswort überein (2):

(2) *cotidiana exercitatione*
durch tägliche Übung

Ein substantivisches Attribut, d. h. eine Apposition, stimmt grundsätzlich im Kasus, nach Möglichkeit allerdings auch im Genus und Numerus mit seinem Bezugswort überein (3):

(3) *Roma caput Italiae*
Rom, die Hauptstadt Italiens

Mit dem Subjekt stimmt das Verb in Person und Numerus (4), das Prädikatsnomen als Adjektiv in Genus, Kasus und Numerus (5), als Substantiv mindestens im Kasus (6) überein:

(4) *Omnes homines errant.*
Alle Menschen machen Fehler.
(5) *Sorores aegrotae sunt.*
Die Schwestern sind krank.
(6) *Amici fidi firmum praesidium sunt.*
Treue Freunde sind ein starker Schutz.

Bei Personen verschiedenen Geschlechts richtet sich das Genus des Prädikatsnomens nach dem Maskulinum (7):

(7) *Frater et soror mortui sunt.*
Der Bruder und die Schwester sind tot.

Satzglieder bestehen aus einem Wort oder mehreren Wörtern und sind die funktionalen Einheiten eines Satzes. Als dessen Basis kann das Prädikat betrachtet werden, denn das jeweilige Verb bestimmt, welche Satzglieder unbedingt zur Bildung eines vollständigen Satzes notwendig sind. Fast ausnahmslos ist es das Subjekt, sehr oft noch ein oder zwei Objekte. Obgleich Attribute nur zur Erweiterung von Substantiven dienen, werden auch sie zu den Satzgliedern gezählt. Adverbialien sind meist freie Angaben, d. h., dass sie zur Bildung eines vollständigen Satzes nicht nötig sind.

Das Prädikat

Das Prädikat macht eine Aussage über das Subjekt des Satzes. Es kann aus einem finiten Vollverb (1) oder der Kopula (dem Hilfsverb) *esse* in Verbindung mit einem Prädikatsnomen (2) bestehen:

(1) *Livia dormit.*	**Livia schläft.**
(2) *Cato propter singularem naturam memorabilis erat.*	**Cato war wegen seiner einzigartigen Wesensart bemerkenswert.**

INFOKASTEN

Einige Verben, die Kopulaverben, bilden ebenfalls erst mit einem Prädikatsnomen ein vollständiges Prädikat:

appellari, dici	**heißen**
creari	**gewählt werden zu**

→

existimari, haberi, putari	**gelten als**
fieri	**werden**
videri	**erscheinen als**

Das Prädikatsnomen

Das Prädikatsnomen wird logisch wie auch grammatisch entweder mit dem Subjekt oder dem Objekt gleichgesetzt (vgl. S. 102, Kongruenz). Es ist zumeist durch ein Adjektiv (1) oder ein Substantiv (2) realisiert:

(1) *Munitiones integrae manebant.*
Die Befestigungsanlagen bleiben intakt.
(2) *Pater mercator est.*
Der Vater ist Kaufmann.

Das Subjekt

Das Subjekt (Satzgegenstand) ist Träger des vom Prädikat ausgedrückten Geschehens. Es steht grundsätzlich im Nominativ. Das Subjekt kann durch verschiedene Wortarten verwirklicht werden. Zunächst einmal durch ein Substantiv (1) bzw. substantiviertes Adjektiv (2), ein Pronomen (3) oder ein Zahlwort (4), ferner durch einen Infinitiv (5) bzw. Infinitiv mit Akkusativ (6) und schließlich durch einen Gliedsatz (vgl. S. 123, Subjektsatz):

(1)	*Ancilla cantat.*	**Die Magd singt.**
(2)	*Verum vincit.*	**Die Wahrheit siegt.**
(3)	*Ista quidem vis est.*	**Das ist ja Gewalt!**
(4)	*Trecenti coniuravimus.*	**Unser 300 haben sich verschworen.**
(5)	*Errare humanum est.*	**Irren ist menschlich.**
(6)	*Nuntiatum est adesse hostem.*	**Es wurde gemeldet, dass der Feind da sei.**

INFOKASTEN

Das Subjekt muss im Lateinischen nicht eigens ausgedrückt werden, sondern kann hinreichend durch die Personalform des Prädikats verwirklicht sein (vgl. S. 34, Personalpronomen) (7):

(7) *Veni, vidi, vici.* **Ich kam, sah und siegte.**

Die Objekte

Die Objekte stellen notwendige Ergänzungen in einem Satz dar. Nicht nur ihre Zahl und Form, sondern auch ihr jeweiliger Kasus wird vom Verb des Satzes festgelegt. Die Funktion des Objekts kann realisiert sein durch ein Nomen (1), einen Präpositionalausdruck (2), einen Infinitiv bzw. einen Infinitiv mit Akkusativ (3) oder einen Gliedsatz:

(1)	*Graeci urbem Troiam expugnaverunt.*	**Die Griechen eroberten Troja.**
(2)	*Oppidum ab hostibus defenderunt.*	**Sie verteidigten die Stadt vor den Feinden.**
(3)	*Helvetii per provinciam Romanam iter facere conati sunt.*	**Die Helvetier versuchten durch die römische Provinz zu marschieren.**

Ein durch ein bloßes Nomen realisiertes Objekt kann im Akkusativ, im Dativ, im Genitiv oder im Ablativ stehen. Ausgehend von dem Kasus, in dem die von ihnen geforderten Objekte stehen, lassen sich die Verben in Gruppen einteilen.

Nomen im Akkusativ

Das Akkusativobjekt entspricht der Person oder Sache, die von dem durch das Verb ausgedrückte Geschehen unmittelbar betroffen ist; es wird auch direktes Objekt genannt. Verben, die ein solches verlangen, bezeichnet man als transitiv (zielend) (4):

(4)	*Epistulam scripsisti.*	**Du hast einen Brief geschrieben.**

INFOKASTEN

Im Gegensatz zum Deutschen werden folgende Verben im Lateinischen mit dem Akkusativ verbunden:

aequare aliquem	**jemandem gleichkommen**
deficere aliquem	**jemandem fehlen**
fugere aliquem	**fliehen vor jemandem**
iuvare aliquem	**jemandem helfen**
sequi aliquem	**jemandem folgen**
ulcisci aliquem, aliquid	**rächen an, sich rächen für**

→

ferner unpersönliche Verben wie:

me decet	**es ziemt sich für mich**
me fallit	**ich weiß nicht**
me fugit, praeterit	**es entgeht mir**
me iuvat	**es gefällt mir**

Manche Verben werden mit zwei Akkusativen konstruiert. Man spricht dann von einem doppelten Akkusativ: Er besteht entweder aus Objekt und Prädikatsnomen (5) oder aus zwei Objekten, von denen das eine für eine Sache, das andere für eine Person steht (6):

(5)	*appellare, dicere, nominare, vocare*	**bezeichnen als**
	arbitrari, existimare,	
	ducere, iudicare, putare	**halten für**
	creare, deligere	**wählen zu**
	efficere, facere, reddere	**machen zu**
	se praebere	**sich zeigen als**
	se praestare	**sich erweisen als**
(6)	*celare aliquem aliquid*	**jemandem etwas verheimlichen**
	poscere aliquem aliquid	**von jemandem etwas fordern**
(5)	*Romani Marium septies consulem creaverunt.*	**Die Römer wählten Marius siebenmal zum Konsul.**
(6)	*Magister discipulum artem docet.*	**Der Lehrer lehrt den Schüler eine Fertigkeit.**

Nomen im Dativ

Das Dativobjekt entspricht der Person/Sache, der eine Handlung zugedacht ist; es trägt auch die Bezeichnung indirektes Objekt. Verben, die ein solches und nur ein solches verlangen, heißen intransitive Verben (7):

(7)	*Prosit tibi consilium meum.*	**Möge dir mein Ratschlag nützen.**

INFOKASTEN

Abweichend vom Deutschen, das den Akkusativ setzt, werden folgende Verben im Lateinischen mit dem Dativ gebraucht:

→

favere alicui	**jemanden begünstigen**
mederi alicui	**jemanden heilen**
nubere alicui	**(einen Mann) heiraten**
parcere alicui	**jemanden schonen**
studere alicui	**etwas erstreben**

Nomen im Genitiv

Ein Objekt, das im Genitiv steht, verlangt die unpersönlichen Empfindungsverben (8):

(8)	*Me delicti paenitet.*	**Mich reut mein Vergehen.**

INFOKASTEN

Weitere persönliche Empfindungsverben sind:

miseret	**es jammert**	*piget*	**es verdrießt**
pudet	**es beschämt**	*taedet*	**es ekelt**

Bei den Verben des Gerichtsverfahrens stehen das Vergehen und die verlängerte Strafe im Genitiv (9):

(9)	*Reus capitis damnatus est.*	**Der Angeklagte wurde zum Tode verurteilt.**
	Te caedis accuso.	**Ich klage dich wegen Mordes an.**

Auch die Verben der Erinnerung werden grundsätzlich mit dem Genitiv verbunden (10):

(10)	*Ne mei oblitus sis.*	**Vergiss mich nicht.**

Ebenso wird *interest* mit dem Genitiv konstruiert (11):

(11)	*Parentium interest liberos recte educare.*	**Den Eltern liegt daran, ihre Kinder richtig zu erziehen.**

Nomen im Ablativ

Einige Deponentien werden mit Ablativobjekt verbunden:

frui	**genießen**	*potiri*	**sich bemächtigen**
fungi	**verwalten**	*uti*	**(ge)brauchen**

Die Person oder Sache, die benötigt wird, steht bei dem unpersönlichen Ausdruck *opus est* (brauchen) im Ablativ:

Mihi auxilio opus est.	**Ich brauche Hilfe.**

Das Prädikativum

Das Prädikativum hat eine adverbiale Funktion. Mit ihm wird eine nähere Angabe zu der inneren Verfassung oder dem äußeren Status von Personen oder Sachen in Bezug auf die Verbalhandlung gemacht. Es kann durch ein im gleichen Kasus wie sein Bezugswort stehendes Substantiv (1) realisiert sein; in diesem Fall gleicht es in formaler Hinsicht einer Apposition. Es kann aber auch durch ein Adjektiv (2) ausgedrückt sein; dann ist es formal als Attribut einzustufen (vgl. S. 102, Kongruenz).

(1)	*Cicero consul coniurationem Catilinariam aperuit.*	**Cicero deckte (in seiner Eigenschaft) als Konsul die catilinarische Verschwörung auf.**
(2)	*Legati incolumes revenerunt.*	**Die Gesandten kehrten unversehrt zurück.**

INFOKASTEN

Im Deutschen bleibt das adjektivische Prädikativum (prädikatives Zustandsattribut) immer endungslos:

Sequani tristes terram intuebantur.	**Die Sequaner schauten traurig auf ihr Land.**

Vergleiche:

(2) *Hanc epistulam primam legi.*	**Diesen Brief las ich zuerst (als ersten).**
(2) *Hanc epistulam primus legi.*	**Diesen Brief las ich zuerst (als erster).**

Aber:

Hanc epistulam primum legi.	**Diesen Brief las ich erst einmal. (Dann tat ich etwas anderes).**
Hanc epistulam primo legi.	**Diesen Brief las ich zuerst.**

Die Apposition

Die Apposition (Beisatz) hat dieselbe Funktion und einen ähnlichen grammatischen Stellenwert wie das Attribut. Sie weist stets denselben Kasus auf wie ihr Bezugswort:

Homerus, poeta clarissimus	**der sehr berühmte Dichter Homer**

Das Attribut

Das Attribut (Beifügung) hängt nicht vom Verb des Satzes ab, sondern von einem Substantiv. Diese Tatsache ist ausschlaggebend für seine Einordnung als sekundäres Satzglied.

Die Aufgabe des Attributs besteht darin, das dominierende Substantiv näher zu bestimmen. Realisiert sein kann es durch ein Adjektiv (1), ein Partizip (2), ein Gerundiv (3), ein Zahlwort (4) oder ein Pronomen (5):

(1)	*homo callidus*	**ein Schlaukopf**
(2)	*arbor florens*	**ein blühender Baum**
(3)	*genus aetatis degendae*	**die Art und Weise der Lebensführung**
(4)	*duo consules*	**zwei Konsuln**
(5)	*eodem anno*	**im selben Jahr**

Darüber hinaus kann das Attribut aber auch durch ein Substantiv im Genitiv repräsentiert sein. Bei einem solchen Genitivattribut lassen sich – je nachdem, in welches logische Verhältnis die beiden Substantive zueinander gebracht sind – mehrere Typen voneinander unterscheiden. Das Attribut bezeichnet die Bedeutungsrelationen Besitz – Besitzer (6), Oberbegriff – Unterbegriff (7), Teil – Ganzes (8), Eigenschaftsträger – Eigenschaft (die Verbindung des Substantivs im Genitiv mit einem Attribut ist hier unabdingbar) (9), Tätigkeit/Empfindung – deren Urheber (10), Tätigkeit/Empfindung – deren Adressat (11):

(6)	*castra hostium*	**das feindliche Lager**
(7)	*virtus clementiae*	**die Tugend der Milde**
(8)	*dimidium praemii*	**die Hälfte der Belohnung**
(9)	*res nullius pretii*	**eine wertlose Sache**
(10)	*amor parentum*	**die elterliche Liebe**
(11)	*amor parentum*	**die Liebe zu den Eltern**

INFOKASTEN

Bei der Angabe von körperlichen und geistigen Eigenschaften kann auch ein Substantiv im Ablativ, das allerdings mit einem Attribut verbunden sein muss, gesetzt werden (12):

(12) *vir summo ingenio* **ein Mann von höchster Begabung**

Das Adverbiale

Das Adverbiale kann als Adverb erscheinen (1), sowie als Präpositionalausdruck (2), Gerund im Ablativ oder im Akkusativ eingeleitet mit der Präposition *ad* (3), Supin (4), Ablativ mit Partizip oder Gliedsatz. Die Funktion, die es im Satz wahrnimmt, ist bereits beim Adverb erläutert.

(1) *Subito spinam calcavit.*
Plötzlich trat er sich einen Dorn in den Fuß.

(2) *Trebonio mandaverat, ne per vim oppidum expugnari pateretur.*
Dem Tribonius hatte er aufgetragen, nicht zuzulassen, dass die Stadt gewaltsam erobert werde.

(3) *Gutta cavat lapidem non vi, sed saepe cadendo.*
Nicht mit Kraft, sondern durch das häufige Fallen höhlt der Tropfen den Stein.

(4) *Spectatum veniunt.* **Sie kommen, um zu schauen.**

Seine Aufgabe kann jedoch auch von einem Substantiv im Genitiv, Dativ, Akkusativ oder Ablativ wahrgenommen werden. Diese Kasus sind für die nähere Bestimmung der Begleitumstände einer Handlung ausschlaggebend.

Der Akkusativ kann dabei zur Angabe der zeitlichen (5) sowie räumlichen Ausdehnung (6) und der Richtung (7) dienen:

(5) *Decem annos Troia oppugnabatur.*
Troja wurde zehn Jahre lang belagert.

(6) *Milites aggerem latum pedes trecentos, altum pedes octoginta exstruxerunt.*
Die Soldaten errichteten einen 300 Fuß breiten und 80 Fuß hohen Wall.

(7) *Romam proficiscor.* **Ich breche nach Rom auf.**

Der Ablativ kann zur Angabe des Ausgangspunktes (8) und der Trennung (9), des Mittels (10), eines Ortes (11) oder Zeitpunktes (12) dienen:

(8)	*Roma profectus sum.*	**Ich bin von Rom aus aufgebrochen.**
(9)	*privare spe*	**der Hoffnung berauben**
(10)	*Gladio inimicum necavit.*	**Er ermordete seinen Feind mit dem Schwert.**
(11)	*toto orbe terrarum*	**auf dem ganzen Erdkreis**
(12)	*hieme*	**im Winter**
(8)	*Navis Delo revertit.*	**Das Schiff ist aus Delos zurückgekehrt.**
(9)	*libeare curis*	**von Sorgen befreien**
(10)	*memoria tenere*	**im Gedächtnis behalten**
(11)	*tota urbe*	**in der ganzen Stadt**
(12)	*postero die*	**am folgenden Tag**

Außerdem kann der Ablativ die Art und Weise (13), eine Eigenschaft (14), einen Wert oder Preis (15) und die soziale Herkunft (16) näher bestimmen:

(13)	*summo (cum) studio*	**mit höchstem Eifer**
(14)	*puella exima forma*	**ein außergewöhnlich schönes Mädchen**
(15)	*minimo vendere*	**sehr billig verkaufen**
(16)	*nobili genere ortus / natus*	**aus einer vornehmen Familie**

INFOKASTEN

Zwar stehen Richtungs- wie auch Ortsangaben, die sich auf Städte (17) und kleinere Inseln (18) beziehen, ohne Präposition. Doch bei den Namen größerer Inseln (19) und Länder (20) muss eine Präposition stehen. Dies gilt auch, wenn zu einem Eigennamen die Gattungsbezeichnung hinzugefügt wird (21):

(17)	*Athenis remanere*	**in Athen zurückbleiben**
(18)	*Delum navigare*	**nach Delos segeln**
(19)	*in Siciliam navigare*	**nach Sizilien segeln**
(20)	*ex Asia venire*	**aus Asien kommen**
(21)	*ex oppido Gergovia*	**aus der Stadt Gergovia**

ÜBUNGEN: DIE SATZGLIEDER

1. ERGÄNZEN SIE DIE PRÄDIKATSNOMINA!

(videtur-appellatus est-creabantur-putantur-existimabatur)

a. Ariovistus a Caesare populi Romani hostis ________________________.

b. A natura orta esse ________amicitia.

c. Caesar et Bibulus a Romanis consules____________.

d. Pro meritis Cicero a Romanis pater patriae _______________.

e. Fortisimi Gallorum Belgae ________.

2. WÄHLEN SIE DAS PASSENDE OBJEKT!

(amicis-reginae-omnibus civibus-tranquillitatem animi-urbem Romam)

a. Multi homines a philosophia________ ________________ expetunt.

b. Hannibal __________expugnare non potuit.

c. Plinius ___________multas epistulas scripsit.

d. __________Aegypti adventus Pompei nuntiabatur.

e. Cicero putabat, consilia Catilinae __________patere.

3. FÜGEN SIE DAS RICHTIGE PRÄDIKAT EIN!

(ulciscebatur-aequabat-iuvat-secuti sunt-deficiunt)

a. Pompeius Caesarem virtute imperatoris______________.

b. Audaces fortuna ________ .

c. Undique circumventos et fessos milites vires _________.

d. Caesar insolentiam Germanorum ______________.

e. Suebos Rhenum transeuntes alii Germanorum gentes ____________.

4. WELCHE AUSSAGEN KÖNNEN DEN DOPPELTEN AKKUSATIV EINLEITEN?

a. Caesar poscit

b. Romani creaverunt

c. Plinius scribit

d. Consul iudicat

e. Ariovistus celat

f. Philosophi docent

g. Nuntius advenit

5. VERBESSERN SIE DREI FEHLER!

a. Caesaris filia Pompeium nubebat.

b. Vergilius Romanos subiectis parcere docebat.

c. Ciceronis filius Athenis philosophiam studebat.

d. Medici vulneratis militibus mederi non poterant.

e. Catilina delicti non paenitebat.

6. ERGÄNZEN SIE DEN KASUS!

a. Orgetorix ab Helvetiis ____________ damnatus est.(caput-capiti-capita-capitis)

b. Romanis __________sociorum opus erat. (auxilium-auxilii-auxilia-auxilio)

c. Caesar memorat Germanos ______ pro vestimentis uti. (pelles-pellibus-pellem-pellium)
d. Marius septies __________functus est. (consulatui-consulatus-consulatu-consulatum)
e. Marcus Antonius _______Ciceronis non oblitus est. (orationem-orationibus-orationum)
f. _________ interest totum orbem in sua potestate tenere. (Romanis-Romanos-Romanorum-Romani)

7. WAS DRÜCKEN DIE GENITIVATTRIBUTE AUS?

a. virtus iustitiae:
b. poculum auri:
c. corona regis:
d. studium eloquentiae:

1. Besitzverhältnis
2. Oberbegriff
3. Beschaffenheit
4. Tätigkeit

8. VERBINDEN SIE MIT EINEM ATTRIBUT!

a. philosophus
b. murus
c. canis
d. equus
e. orator

1. magna altitudine
2. summa celeritate
3. summa eloquentia
4. summo ingenio
5. magna vigilantia

9. WELCHES ADVERBIALE PASST?

a. Caesar milites _______ad flumen misit.
b. Optime vocabula edisces _______
c. Mendaci homini non creditur, _____
d. Philosophus respondit, _______

1. etiamsi verum dicit.
2. pabulatum.
3. postquam diu deliberavit.
4. exscribendo.

10. ERLÄUTERN SIE DIE ABLATIVE!

a. Ostia non longe a Roma abest.
b. Verres templa Siciliae artificiis spoliavit.
c. Caesar milites in muro collocavit.
d. Anno decimo bellum Troianum finitum est.
e. Britanni sagittis pugnabant.
f. Milites vulneribus defessi sunt.

1. Mittel
2. Ort
3. Trennung
4. Ausgangspunkt
5. Zeitpunkt
6. Ursache

11. FÜGEN SIE, WENN NÖTIG, DIE PRÄPOSITIONEN in ODER ex EIN!

a. Archimedes (_____) Syracusis interfectus est.
b. Ciceronis filius (___) Athenis philosophiae studebat.
c. Vercingetorix (___) oppido Alesia Caesari nuntios misit.

Hinsichtlich der Aussageabsicht des Sprechers unterscheidet man drei Arten von Sätzen: Aussagesätze stellen einen Sachverhalt dar; Begehrsätze artikulieren einen Wunsch oder Befehl; Fragesätze formulieren, was der Sprecher wissen will.

1. Der Aussagesatz

Aussagesätze können im Indikativ und Konjunktiv stehen. Der Indikativ (Wirklichkeitsform) bringt zum Ausdruck, dass das Gesagte der Realität entspricht (1). Da in Sätzen, deren Prädikat diesen Modus aufweist, etwas wirklich Vorhandenes geschildert wird, heißen sie Realis.

(1)	*Non accipimus brevem vitam, sed facimus.*	**Wir haben kein kurzes Leben, sondern machen es dazu.**

INFOKASTEN

In manchen Fällen lässt sich das Lateinische bei der Verwendung des Indikativs stärker von den tatsächlichen Gegebenheiten leiten als das Deutsche:

(1)	*Hoc facere possum.*	**Ich könnte das tun.**
(1)	*Paene cecidi.*	**Beinahe wäre ich gefallen.**

Der Konjunktiv (Möglichkeitsform) dient zunächst einmal dazu, ein dargestelltes Geschehen als möglich erscheinen zu lassen. Einen entsprechenden Satz bezeichnet man daher als Potenzialis. In einem solchen Satz steht der Konjunktiv Präsens oder Perfekt für die Zeitstufe der Gegenwart (2), der Konjunktiv Imperfekt für die der Vergangenheit (3):

(2)	*Forsitan quaeratis, qui iste terror sit.*	**Vielleicht fragt ihr, was das für ein Schrecken ist.**
(3)	*haud facile discerneres*	**man hätte nicht leicht entscheiden können**

Der Konjunktiv dient zum anderen dazu, ein Geschehen als generell unmöglich kenntlich zu machen. Dementsprechend wird der Konjunktiv in dieser Eigenschaft Irrealis genannt.

Der Konjunktiv Imperfekt bezieht sich dabei auf die Gegenwart (4), der Konjunktiv Plusquamperfekt auf die Vergangenheit (5):

(4)	*Immortalis esses.*	**Du wärest unsterblich.**
(5)	*Venisset.*	**Er wäre gekommen.**

INFOKASTEN

Aussagesätze werden mit *non* verneint (6):

(6)	*Res tam nefaria credi non potest.*	**Eine solche Ruchlosigkeit kann man nicht glauben.**

2. Der Begehrsatz

Im Begehrsatz kann der Imperativ (Befehlsform) stehen; es handelt sich in diesem Fall um einen Befehlssatz. Es kann aber auch der Konjunktiv Verwendung finden; unter dieser Bedingung liegt ein Aufforderungssatz oder ein Wunschsatz vor.

Der Befehlssatz

Der Imperativ I dient der Formulierung eines Befehls an die 2. Person (1):

(1)	*Refer ad senatum!*	**Bring es vor den Senat!**

Der Imperativ II formuliert einen Befehl an die 2. oder 3. Person. Diese Aufforderung besitzt dieselbe Dringlichkeitsstufe wie die durch den Imperativ I vermittelte. Im Gegensatz dazu soll sie nicht unverzüglich, aber immerfort ausgeführt werden (2):

(2)	*Si in ius vocat, ito.*	**Wenn er (= Prozessgegner) dich vor Gericht zitiert, sollst du gehen.**

Der Aufforderungssatz

Der Imperativ I kann nicht verneint werden. Als Ersatz dafür tritt die 2. Person des Konjunktiv Perfekt in Verbindung mit der Negationspartikel *ne* (3) ein: Prohibitiv.

(3)	*Ne desperaveris!*	**Verzweifle nicht!**

Der Konjunktiv Präsens kann eine Aufforderung an die 1. Person Plural (4) formulieren: Hortativ.

(4)	*Oremus!*	**Wir wollen beten, lasst uns beten!**

Der Konjunktiv Präsens kann auch eine Aufforderung an die 3. Person (5) formulieren: Jussiv.

(5)	*Videant consules, ne quid res publica detrimenti capiat.*	**Die Konsuln sollen zusehen, dass der Staat keinen Schaden nimmt.**

Der Wunschsatz

Als Optativ formuliert der Konjunktiv einen Wunsch. An dieser Stelle hängt es von dem verwendeten Tempus ab, ob der Wunsch als erfüllbar oder unerfüllbar angesehen wird.

Bei als erfüllbar gedachten Wünschen steht der Konjunktiv Präsens grundsätzlich für die Zeitstufe der Gegenwart (6) und der Konjunktiv Perfekt für die der Vergangenheit (7):

(6)	*Hoc di bene vertant!*	**Dazu mögen die Götter ihren Segen geben!**
(7)	*Utinam semper mater bona fuerim!*	**Möge ich doch immer eine gute Mutter gewesen sein!**

Bei als unerfüllbar dargestellten Wünschen wird die Gegenwart prinzipiell vom Konjunktiv Imperfekt (8) und die Vergangenheit vom Konjunktiv Plusquamperfekt (9) bezeichnet:

(8)	*Utinam virorum fortium copiam tantam haberetis!*	**Hättet ihr doch eine so große Anzahl tapferer Männer!**
(9)	*Nollem dixissem.*	**Hätte ich doch nur meinen Mund gehalten.**

Als Konzessiv formuliert der Konjunktiv eine Einräumung. Der Konjunktiv Präsens markiert dabei die Zeitstufe der Gegenwart (10), der Konjunktiv Perfekt die Zeitstufe der Vergangenheit (11):

(10)	*Omnia possideat, non possidet aera Minos.*	**Minos mag alles besitzen, den Luftraum besitzt er nicht.**
(11)	*Fueris diligens, callidus non fuisti.*	**Du magst sorgfältig gewesen sein, klug warst du nicht.**

INFOKASTEN

Begehrsätze werden mit der Negationspartikel *ne* verneint (12):

(12) *Senatus hoc ne concedat.* **Möge der Senat das nicht zulassen!**

3. Der Fragesatz

In logischer wie auch formaler Hinsicht wird zwischen Wortfrage und Satzfrage unterschieden.

Wortfragen fordern eine Information über eine Person oder einen Sachverhalt und werden durch ein entsprechendes Interrogativpronomen (1) oder -adverb (2) eingeleitet:

(1)	*Quid agis?*	**Was machst du?**
(1)	*Quem exspectatis?*	**Auf wen wartet ihr?**
(1)	*Quid audis?*	**Was hörst du?**
(2)	*Cur hoc fecisti?*	**Warum hast du das getan?**
(2)	*Quando ego vos conveniam?*	**Wann werde ich euch treffen?**
(2)	*Cur non venisti?*	**Warum bist du nicht gekommen?**

Satzfragen beziehen sich auf den Inhalt des ganzen Satzes und erwarten eine (zustimmende oder ablehnende) Bewertung des Wahrheitsgehaltes der als Frage formulierten Aussage. Zu ihrer Formulierung stehen spezielle Fragepartikeln zur Verfügung. Mit ihnen kann der Sprecher auch die erwartete Antwort andeuten.

Wenn der Sprecher eine bejahende Antwort von seinem Gesprächspartner erwartet, dann steht *nonne* (3):

(3)	*Nonne hoc palam dixisti?*	**Hast du das denn nicht öffentlich gesagt?**
(3)	*Nonne amicam aegrotam visitavisti?*	**Hast du die kranke Freundin nicht besucht?**

→

(3)	*Nonne tectum fractum vidisti?*	**Hast du das kaputte Dach nicht gesehen?**

Geht der Sprecher von einer verneinenden Antwort seines Gesprächspartners aus, steht *num* (4):

(4)	*Num unum diem rei publicae poena remorata est?*	**Hat etwa die Strafe durch den Staat auch nur einen einzigen Tag auf sich warten lassen?**
(4)	*Num dubitas id facere?*	**Zögerst du etwa, dies zu tun?**
(4)	*Num vinum bibisti?*	**Hast du etwa Wein getrunken?**

Soll keine Erwartung formuliert werden, dann wird an das erste Wort, das einen Sinnakzent trägt, das Suffix *-ne* angefügt (5):

(5)	*Estne hoc illi Fimbriano simillimum?*	**Sieht das jenem Fimbrianus sehr ähnlich?**
(5)	*Apportavitne nuntius epistulas?*	**Hat der Bote die Briefe gebracht?**
(5)	*Videsne montem?*	**Siehst du den Berg?**

INFOKASTEN

Spezielle Antwortpartikeln kennt das Lateinische nicht.

Abgesehen von der Verwendung bestimmter Wendungen (6) und ersatzweise gebrauchter Adverbien (7) ist es üblich, das Verb – gegebenenfalls zusammen mit der Negation *non* – zu wiederholen (8):

Frage:	*Probasne hoc consilium?*	**Billigst du diesen Plan?**
Antwort:	(Ja)	(Nein)
(6)	*Ita est.*	*Non ita est.*
(7)	*Certe.*	*Minime.*
(8)	*Probo.*	*Non probo.*

Zu den Satzfragen gehört auch die Doppelfrage. Sie führt zwei Möglichkeiten auf, von denen eine ausgewählt werden soll. Dabei wird die erste der zur Wahl stehenden

Möglichkeiten mit *utrum* (bisweilen auch mit einem angehängten *-ne*) eingeleitet, die zweite mit *an* (9):

(9)	*Utrum quid agatur non vides, an apud quos agatur?*	**Siehst du nicht, was oder vor wem es verhandelt werden soll?**
(9)	*Utrum libertus an servus es?*	**Bist du ein Freigelassener oder ein Sklave?**
(9)	*Utrum manebimus an proficiscemur?*	**Bleiben wir oder brechen wir auf?**

INFOKASTEN

Wenn Fragesätze verneint werden sollen, wird in der Regel die Negationspartikel *non* verwendet (10):

(10)	*Cur non Pompeio hoc quoque bellum commendamus?*	**Warum betrauen wir Pompeius nicht mit der Führung auch dieses Krieges?**
(10)	*Quid Gaius non vult sapere?*	**Was will Gaius nicht wissen?**
(10)	*Cur hoc non fecisti?*	**Warum hast du das nicht getan?**
(10)	*Cur non venisti?*	**Warum bist du nicht gekommen?**
(10)	*Quo non it?*	**Wohin geht er nicht?**

ÜBUNGEN: DIE SATZARTEN

1. KLASSIFIZIEREN SIE NACH AUSSAGESATZ (A), BEGEHRSATZ (B) UND FRAGESATZ (F)!

a. Sine amicis vita tristis esset. (__)
b. Aequam memento rebus in arduis servare mentem. (__)
c. Num mundus casu effectus est. (__)
d. Simus laeti. (__)
e. Caesar adversarios fortasse servavisset. (__)

2. STEHEN DIE AUSSAGEN ALS REALIS (R), POTENZIALIS (P), ODER IRREALIS (I)?

a. Socrates se nihil scire affirmat. (__)
b. Non credas Caesarem totam Galliam occupaturum esse. (__)
c. Amici venissent, sed prohibiti sunt. (__)
d. Sermones Socratis ignoti essent, nisi Plato eos tradidisset. (__)
e. Divitiae Orgetorigis maximae apud Helvetios fuerunt. (__)

3. ORDNEN SIE NACH POTENZIALIS DER GEGENWART (G) UND VERGANGENHEIT (V)!

a. Nullam virtutem Caesaris iustius laudaverimus quam clementiam.
b. Quis crederet Pompeium bellum maritimum uno anno finire posse?
c. Quis dubitet verba consulis?
d. Defendat aliquis consilia Catilinae?
e. Quis non fateatur Ciceronem iure patrem patriae appellatum esse?

4. WÄHLEN SIE DIE PASSENDE FORM DES IMERATIVS!

(refer-egredere-amate-esto-ades-probato)

a. Salus populi lex suprema________!
b. ________aliquando ex urbe, Catilina!
c. Si vultis amari,________!
d. Ovidius suadet: Quidquid probat amica, ________!
e. ________amicis in periculo!
f. ________animum ad veritatem!

5. NEGIEREN SIE DIE IMPERATIVE!

a. Venite in senatum!
____
b. Mitte amicis epistulam!
____
c. Es contentus!
____
d. Audite orationem consulis!
____
e. Desperate!
____
f. Auxilium a vicinis petite!
____

6. WELCHE ANTWORT IST DIE RICHTIGE?

(scribimus-non est-sumus-scio-volo)

a. Estisne vos Romani?
b. Estne pater domi?
c. Visne Athenas ire?
d. Nonne scis consulis collegam?
e. Scribitisne amicis epistulam?

7. SETZEN SIE IM FOLGENDEN DIE RICHTIGE FRAGEPARTIKEL EIN!

a. ________domi fuisti?
(Warst du etwa zu Hause?)

b. ________Romam venistis?
(Ihr seid doch wohl nach Rom gekommen?)

c. Librum________ legisti?
(Hast du das Buch gelesen?)

d. ________mittebamini?
(Ihr seid doch wohl geschickt worden?)

e. ________tacuisti?
(Hast du etwa geschwiegen?)

f. ________dubitavistis?
(Ihr habt doch wohl gezweifelt?)

8. SETZEN SIE DIE WUNSCHSÄTZE IN DIE VERGANGENHEIT!

a. Nolim hoc facere possis!

____

b. Utinam res publica staret!

____

c. Velim epistulas mittas!

____

d. Malim libros legatis!

____

e. Nolim tempus perdas!

____

f. Utinam Caesar et Pompeius amicitiam servarent!

____

____

g. Velim amphitheatrum visites!

____

h. Nolim pluat!

____

9. STELLEN SIE DIE DOPPELFRAGEN ZUSAMMEN!

(an epistulas-an vestra-cum amicis-an vituperanda est-an Caesari)

a. Utrum Pompeio populus Romanus favet____________?

b. Constantia animi laudandane
______________________________?

c. Utrum ____________Romam venies an solus?

d. Utrum ea nostra ________culpa est?

e. Utrum Cicerones orationes legimus______________________?

10. SETZEN SIE DIE WUNSCHSÄTZE IN DIE GEGENWART!

a. Nollem hanc orationem habuisses!

____

b. Utinam non Romam venisses!

____

c. Vellem cauti fuissetis!

____

d. Utinam di bene verterint

____

e. Nollem cecidisses!

____

f. Vellem bellum civile non ortum esset!

____

____

g. Nollem tempus fugisset!

____

h. Vellem tuas epistulas legissem!

____

Ein Satz kann sich aus zwei oder mehr Teilsätzen zusammensetzen. Wenn gleichwertige Teilsätze miteinander verknüpft werden, dann handelt es sich um eine Satzreihe. In einer Satzreihe stehen die Teilsätze entweder unverbunden nebeneinander (1), oder die Teilsätze sind durch eine beiordnende Konjunktion miteinander verknüpft (2):

(1) *Ariovistus ad postulata Caesaris pauca respondit, de suis virtutibus multa praedicavit.*
Ariovist erwiderte auf die Forderungen Cäsars wenig, stellte jedoch mit vielen Worten seine eigenen Fähigkeiten dar.

(2) *Est enim varius et multiplex usus amicitae multaeque causae suspicionum offensionumque dantur.*
Denn die Ausübung von Freundschaft ist verschiedenartig und unterschiedlich und es gibt viele Anlässe zu Misstrauen und Verletztsein.

Wenn in einem über- bzw. untergeordneten Verhältnis zueinander stehende Teilsätze miteinander verknüpft werden, dann spricht man davon, dass ein Satzgefüge (3) vorliegt:

(3) *Exigua parte aestatis reliqua Caesar, etsi in his locis maturae sunt hiemes, tamen in Britanniam proficisci contendit, quod hostibus nostris inde subministrata auxilia intellegebat.*
Kurz vor Sommerende ist Cäsar, obwohl in diesen Regionen die Winter früh einsetzen, dennoch eilends nach Britannien aufgebrochen, weil er bemerkte, dass unseren Feinden von dort Hilfe geleistet worden war.

1. Die Gliedsatzarten

Übergeordnete Sätze werden als Hauptsätze bezeichnet, untergeordnete Sätze werden als Nebensätze bezeichnet. Da diese untergeordneten Nebensätze stets ein Satzglied vertreten, nennt man sie auch Gliedsätze. Gliedsätze werden sehr oft mit einer subordinierenden (unterordnenden) Konjunktion wie z. B. weil, wenn, dass oder obwohl eingeleitet.

Der Subjekt- und der Objektsatz

Als Subjektsatz (1) vertreten sie die Rolle des Subjekts, als Objektsatz (2) die des Akkusativobjekts:

(1)	*Certum est, quid respondeam.*	**Meine Antwort fällt eindeutig aus.**
(2)	*Petimus a vobis, ut Archiam in vestram accipitis fidem.*	**Wir bitten euch, Archias in Schutz zu nehmen.**

Die Adverbialsätze

Als Adverbialsätze erfüllen Nebensätze die Funktion von Adverbialien. Je nach Sinnrichtung einer solchen Adverbialbestimmung kann es sich dabei um einen Final- (1), Kausal- (2), Konditional- (3), Konsekutiv- (4), Konzessiv- (5), Modal- (6) oder Temporalsatz (7) handeln. Meist sind diese Sätze auch schon an der Bedeutung der sie einleitenden Konjunktionen erkennbar.

(1) *Caesar, ne graviori bello occurreret, ad exercitum proficiscitur.*
Um nicht in einen schwereren Krieg hineinzugeraten, brach Cäsar zu seinem Heer auf.

(2) *Suebi vinum ad se importari non patiuntur, quod ea re homines effeminari arbitrantur.*
Die Sueben dulden die Einfuhr von Wein nicht, weil sie der Meinung sind, dass dadurch die Menschen verweichlichten.

(3) *Quid ages, si utilitas ab amicitia defecerit?*
Was wirst du tun, wenn der Freundschaft der Nutzen fehlt?

(4) *Marcus tam inattentus erat, ut periculum non videret.*
Marcus war so unaufmerksam, dass er die Gefahr nicht sah.

(5) *Quotiens Archiam vidi, cum litteram scripsisset nullam, magnum numerum optimorum versuum dicere ex tempore.*
Wie oft habe ich gesehen, dass Archias, obwohl er keinen Buchstaben notiert hatte, eine große Anzahl sehr trefflicher Verse aus dem Stegreif dichtete.

(6) *Cum tacent, clamant.*
Indem sie schweigen, schreien sie.

(7) *Dum haec in Venetiis geruntur, Sabinus in fines Venellorum pervenit.*
Während dieser Vorgänge bei den Venetern gelangte Sabinus in das Gebiet der Veneller.

Zu den Adverbialsätzen gehört auch der Komparativsatz (Vergleichssatz). Formal unterscheidet er sich von den übrigen Adverbialsätzen, weil er mit Adjektiven, Adverbien oder Pronomen eingeleitet wird, denen im Hauptsatz fast immer ein (häufig auch lautlich entsprechendes) Bezugselement der gleichen Wortart vorausgeht (8). Dieses wird inhaltlich durch den Komparativsatz erläutert.

(8)	*Accipere praestat quam facere iniuriam.*	**Es ist besser, Unrecht zu erleiden als zu tun.**
(8)	*Quot homines, tot sententiae.*	**Es gibt so viele Meinungen wie Menschen.**
(8)	*Quo turpius est scelus, eo gravius puniendum est*	**Je schwerer ein Verbrechen ist, desto härter ist es zu bestrafen.**

INFOKASTEN

Die wichtigsten korrelativen (aufeinander Bezug nehmenden) Elemente sind:

ita ... ut	**so ... wie**
quo ... eo	**je ... desto**
quanto ... tanto	**je ... desto**
talis ... qualis	**so (beschaffen) ... wie**
tam ... quam	**so ... wie**
tantum ... quantum	**so viel ... wie**
totiens ... quotiens	**so oft ... wie**

Der Attributsatz

Attributsätze sind Gliedsätze, die die grammatische Funktion eines Attributs besitzen. Im Lateinischen handelt es sich bei ihnen fast durchweg um Relativsätze. Sie nehmen indes nicht nur in ihrer Eigenschaft als Attributsätze eine besondere Stellung ein. In formaler Hinsicht zeichnen sie sich außerdem dadurch aus, dass sie durch ein Relativpronomen (1) oder ein Relativadverb (2) eingeleitet werden:

(1) *tuae litterae, quae recitatae in senatu sunt*
dein Brief, der im Senat vorgelesen wurde

(2) *in iis locis, ubi Valerius interfectus erat*
in dem Gebäude, in dem Valerius getötet worden war

Darüber hinaus besitzen die Attributivsätze die praktische Fähigkeit, neben dem Attribut auch jedes andere Satzglied zu vertreten. Die Attributivsätze können also sowohl Subjekt- (3) und Objektsätze (4) als auch alle Arten von Adverbialsätzen (5) einleiten.

(3)	*Bonis nocet, qui malis parcit.*	**Den Guten schadet, wer die Schlechten schont.**
(4)	*Amici quid in Scipione effecerint, sine lacrimis non queo dicere.*	**Was seine Freunde Scipio angetan haben, kann ich ohne Tränen nicht sagen.**
(5)	*Virtus, quam sequitur caritas, minime repudianda est.*	**Tugend ist überhaupt nicht abzulehnen, wenn Liebe mit ihr einhergeht.**

2. Die Zeitgebung in Gliedsätzen

(so genannte *consecutio temporum*)

Welches Tempus das Verb eines Gliedsatzes erhält, hängt davon ab, in welchem zeitlichen Verhältnis die durch das Verb ausgedrückte Handlung zu der vom Prädikat des übergeordneten Satzes ausgedrückten Handlung steht. Die durch das Verb ausgedrückte Handlung kann – jeweils bezogen auf das im Hauptsatz geschilderte Geschehen – gleichzeitig, vorzeitig oder nachzeitig sein.

INFOKASTEN

Die Zeitgebung im Lateinischen weicht vom Deutschen ab. Sie ist für indikativische und konjunktivische Nebensätze verschieden.

Zeitenfolge in indikativischen Nebensätzen

Zeitverhältnis	Übergeordneter Satz	Untergeordneter Satz (Indikativ)
gleichzeitig	Präsens Imperfekt Perfekt Plusquamperfekt Futur I	Präsens (1) Imperfekt Perfekt Plusquamperfekt Futur I (2) →

Zeitverhältnis	Übergeordneter Satz	Untergeordneter Satz (Indikativ)
vorzeitig	Präsens Imperfekt Perfekt Plusquamperfekt Futur I	Perfekt (3) Plusquamperfekt Plusquamperfekt (4) Plusquamperfekt Futur II (5)
nachzeitig	Präsens Imperfekt Futur I	Präsens Perfekt Futur II

(1) *Audio, dum cantatis.*	**Ich höre zu, während ihr singt.**
(2) *Cum domum veniam, laetus ero.*	**Wenn ich nach Hause kommen werde, werde ich froh sein.**
(3) *Venio, quia me advocavisti.*	**Ich komme, weil du mich gerufen hast.**
(4) *Dominus cenavit, quamquam hospites non advenerant.*	**Der Hausherr hat gegessen, obwohl die Gäste noch nicht angekommen waren.**
(5) *Veniam, cum me vocaveris.*	**Ich werde kommen, wenn du mich gerufen haben wirst.**

INFOKASTEN

Die Nachzeitigkeit kommt eher selten vor. Deshalb sollten vor allem die Regeln zur Gleichzeitigkeit und zur Vorzeitigkeit gelernt werden.

Zeitenfolge in konjunktivischen Gliedsätzen

Zeitverhältnis	Übergeordneter Satz	Untergeordneter Satz (Konjunktiv)
gleichzeitig	Präsens Futur I + II Imperfekt Perfekt Plusquamperfekt	Präsens (1) Präsens Imperfekt (2) Imperfekt Imperfekt →

Zeitverhältnis	Übergeordneter Satz	Untergeordneter Satz (Konjunktiv)
vorzeitig	Präsens	Perfekt (3)
	Futur I + II	Perfekt (4)
	Imperfekt	Plusquamperfekt
	Perfekt	Plusquamperfekt (5)
	Plusquamperfekt	Plusquamperfekt
nachzeitig	Präsens	*– urus sim*
	Futur I + II	*– urus sim*
	Imperfekt	*– urus essem* (6)
	Perfekt	*– urus essem* (7)
	Plusquamperfekt	*– urus essem*

(1)	*Rogo te, quid agas.*	**Ich frage dich, was du tust.**
(2)	*Nescivi, quis cantaret.*	**Ich wusste nicht, wer sang.**
(3)	*Nescio, quis cantaverit.*	**Ich weiß nicht, wer gesungen hat.**
(4)	*Rogabo te, quid egeris.*	**Ich werde dich fragen, was du getan hast.**
(5)	*Nescivi, quis cantavisset.*	**Ich wusste nicht, wer gesungen hatte.**
(6)	*Non dubitavi, quin adventurus esset.*	**Ich bezweifelte nicht, dass er ankommen würde.**
(7)	*Rogaveram te, quid acturus esses.*	**Ich hatte dich gefragt, was du tun würdest.**

Ausschlaggebend für die Wahl des Tempus in konjunktivischen Gliedsätzen ist neben dem jeweils vorliegenden Zeitverhältnis das im Hauptsatz stehende Tempus und hier wiederum die Unterscheidung zwischen Präterita (Zeitstufen der Vergangenheit) einerseits und den übrigen Tempora (Zeitstufen der Gegenwart und der Zukunft) andererseits. Erstere werden als Nebentempora bezeichnet, letztere als Haupttempora.

ÜBUNGEN: DAS SATZGEFÜGE

1. VERKNÜPFEN SIE DIE TEILSÄTZE ZU SATZREIHEN!

a. Caesar loquendi finem facit________
____
b. Consules e castris copias eduxerunt
____
c. Usipetes a Suebis complures annos exagitati bello premebantur________
____
d. Socrates nec patronum quaesivit ad iudicium________________
e. Catilina, egredere ex urbe________
____
f. Milites Romani hostes in fugam dederunt ________________
____

1. nec iudicibus supplex fuit **2.** libera rem publicam metu **3.** seque ad suos recepit **4.** paulumque progressi aciem instruxerunt **5.** neque longius prosequi potuerunt **6.** et agri cultura prohibebantur

2. VERVOLLSTÄNDIGEN SIE DIE SATZGEFÜGE!

a. Si nulla iudicia sunt, ____________
b. Caesar postulavit, ______________
c. Tanta vis probitatis est, __________
____
d. Secutae sunt tempestates, ________
____
e. Orator a magistro non multum adiuvatur, ________________
____
f. Caesar ad exercitum contendit, ____
____
g. Hannibal iam subibat muros, ______
____

1. nisi habet ingenium **2.** ut eam in hoste etiam diligamus **3.** quae nostros milites in castris continebant **4.** cum primum per anni tempus potuit **5.** cum repente erumpunt Romani **6.** vis dominetur necesse est **7.** ne Ariovistus Haeduis bellum inferret

3. ERGÄNZEN SIE DIE PASSENDE KONJUNKTION DER GLIEDSÄTZE!

(si-cum-ut-dum-ne-quod)

a. His de reubus Caesar certior factus est________ipse aberat longius.
b. Piratae tum, ______ Pompeio bellum maritimum gerendum datum est toto mari vagabantur.
c. Mons altissimus impendebat, ______ pauci iter prohibere possent.
d. Summum periculum est, ________ Ariovistus vicinas Rheni regiones occupaturus sit.
e. ________ te rogavero aliquid, nonne respondebis?
f. __________ civitas erit, iudicia fient.

4. VERBINDEN SIE DIE KORRELATIVEN SATZTEILE!

a. Tam moveor his rebus
b. Non tam aedificiis pulchris movemur
c. Ut sementem feceris
d. Puella amata tantum
e. Qualis rex

1. ita metes **2.** quam amabitur nulla **3.** talis grex **4.** quam tu **5.** quam memoria clarorum virorum

4. utrum Romam iret an Athenis maneret **5.** ut homines in pace vivant **6.** ut captivum absolveret **7.** si tyrannum eiecit **8.** nisi retinerer **9.** te laudarem

5. ERGÄNZEN SIE DIE FORM DES PRÄDIKATS IM GLIEDSATZ! BEI GLEICHZEITIGKEIT:

a. Nescio, num amicus ______(venire).

b. Nemo scit, utrum _____melius (esse).

c. Dionysius declaravit, quanto amicitias _______(desiderare).

BEI VORZEITIGKEIT:

d. Caesar interrogat nuntios, quantae copiae hostium _______(esse).

e. Nuntii exposuerunt, quantae copiae hostium _______(esse).

6. VERBINDEN SIE HAUPTSATZ UND GLIEDSATZ!

a. Me consulebat amicus __________

b. Dionysius tanta admiratione affectus est, ____________________

c. Si hoc fecisses ______________

d. Quomodo efficitur ______________
____

e. Dionysius, cum multos propinquos haberet, ____________________

f. Ad te Athenas venirem __________
____

g. Tempora si fuerint nubila ________
____

h. Principes nostros ______________ e civitate pepulimus.

i. Populus, ____________________ libertate gaudet.

1. qui nos ad hoc bellum impulerant **2.** credebat eorum nemini **3.** solus eris

7. SIND FOLGENDE GLIEDSÄTZE SUBJEKT- (S), OBJEKT- (O), ODER ADVERBIALSÄTZE?

a. Quod Athenis habitas, exemplum prudentiae est. (__)

b. Male facis, quod eos accusas. (__)

c. Cum licet Roma abesse, Ostiam visito. (__)

d. Cicero Archiam defendit, quod ei gratiam debuit. (__)

e. Quaeritis argumenta, si potestis. (__)

f. Nescimus, num amici veniant. (__)

8. VERBINDEN SIE HAUPTSATZ UND ATTRIBUTSATZ!

a. Id aperte dico________________

b. Illa doctrina carent______________

c. Nemo id tradere potest__________
____

d. Nonnulli, ________________ suam patriam ignorant.

e. _________ non peccat.

f. Factionum principes sunt ei, ______

g. Naves, _____________ incolumes ad continentem pervenerunt.

1. quas Caesar solverat

2. Qui dormit

3. quod tegi non potuit

4. quod ipse non habet

5. qui totum mundum perlustrant

6. quam tu laudas

7. qui summam auctoritatem habent

1. Die Konsonanten (Mitlaute)

c wurde in klassischer Zeit unabhängig von seiner lautlichen Umgebung durchweg als [k] ausgesprochen (1):

(1) *Cicero*		[kikero]

s wurde ausnahmslos stimmlos ausgesprochen (2); es veränderte seine Aussprache im Anlaut vor *p* und *t* nicht (3):

(2) *casa*	**Hütte**	[kasa]
(3) *statim*	**sofort**	[statim]

t wurde vor *i* mit folgendem Vokal (Selbstlaut) nicht als [z] ausgesprochen, sondern unverändert als [t] (4):

(4) *oratio*	**Rede**	[oratio]

v wird erst seit nachchristlicher Zeit als [w] ausgesprochen; vordem wurde es wie ein englisches *w* im Anlaut artikuliert (5):

(5) *verbum*	**Wort**	[werbum]

2. Die Vokale (Selbstlaute)

x bezeichnet einen kurzen, *-x̄* einen langen Vokal. Die Vokallänge hat im Lateinischen als (bedeutungs-) unterscheidendes Merkmal eine sehr wichtige Funktion. Es wird bei lateinischen Wörtern stets die drittletzte oder die vorletzte Silbe betont, und zwar die vorletzte nur dann, wenn sie lang ist.

Deklination

Im Bereich der Substantivflexion unterscheiden sich die Endungen des Nominativ und des Akkusativ Plural der Substantive der 4. Deklination sowohl von dem Nominativ Singular dieser Deklination als auch von dem der 1. Deklination in Hinsicht auf die Länge des *u* (1):

(1)	1. Deklination		4. Deklination	
Nom. Sg.	*taur-us*	**der Stier**	*cas-us*	**der Fall**
Gen. Sg.	*taur-i*	**des Stieres**	*cas-ūs*	**des Falles**
Nom. Pl.	*taur-i*	**die Stiere**	*cas-ūs*	**die Fälle**
Akk. Pl.	*taur-os*	**die Stiere**	*cas-ūs*	**die Fälle**
(1)				
Nom. Sg.	*amic-us*	**der Freund**	*pass-us*	**der Schritt**
Gen. Sg.	*amic-i*	**des Freundes**	*pass-ūs*	**des Schrittes**
Nom. Pl.	*amic-i*	**die Freunde**	*pass-ūs*	**die Schritte**
Akk. Pl.	*amic-os*	**die Freunde**	*pass-ūs*	**die Schritte**

Bei der 1. Deklination unterscheidet sich der Nominativ Singular vom Ablativ Singular durch die Länge der Endung *-a* (2):

(2)	Nom. Sg.	*scienti-a*	**Wissen**
	Abl. Sg.	*scienti-ā*	**durch (das) Wissen**
(2)	Nom. Sg.	*amic-a*	**Freundin**
	Abl. Sg.	*amic-ā*	**durch die Freundin**
(2)	Nom. Sg.	*poet-a*	**Dichter**
	Abl. Sg.	*poet-ā*	**durch den Dichter**

Konjugation

Im Bereich der Verbflexion lassen sich Verben der 2. Konjugation von solchen der 3. im Infinitiv untrüglich anhand der Länge des *e* unterscheiden (3).

2. Konj.		3. Konj.	
(3) *parēre*	**gehorchen**	*parere*	**gebären**

LÖSUNGEN

Das Substantiv

1. a. epistulas b. amicis c. puerorum d. pericula e. oratoribus f. honores g. tempora h. casus/casuum i. cives j. rerum/rebus k. generis

2. a. amico b. vir c. orator/oratorem d. honori/honore e. securis f. lex/legem g. res/rem h. animalis

3. a. Akk.Sg. b. Nom./Gen.Sg. c. Abl. Sg. d. Nom./Akk.Pl. e. Nom./Akk.Pl. f. Nom./Gen.Sg. Nom./Akk.Pl.

4. a. generibus c. legibus d. periculis e. casibus h. opinionibus

5. a. dominus d. amicus

6. c. animal f. tempora g. opinionem h. omen i. legem

7. a. civis b. oratoris c. periculi d. tempestatum e. pulveris f. dentis g. femorum

8. a. cornu b. honos c. amicis d. patri e. omine f. dente g. res h. urbe

9. a. urbes b. navi c. domini d. casui

10. a. quercus b. tempus c. vir d. Aegypti e. magister

11. Catilina

12. a. honorum b. civium c. oratorum d. patrum e. epistularum f. virorum g. virtutum h. temporum i. opinionum

Das Adjektiv

1. a. bonarum/bonis b. durae/duris c. sacrorum d. duris e. levibus f. simplicium g. liberae/liberis h. teneris i. celeribus j. principum k. veteres l. pauperibus

2. c. d. f. h. i. k. l.

3. a. bona d. asper/asperum g. pauper h. particeps j. miser/miserum k. sacra l. levis/leve

4. b. d. g. j. l.

5. a. simplicem b. alacre c. asperae d. levis e. durum f. iniusta g. frugiferis h. celeribus i. alienum j. veteres

6. a. claros b. iustam c. parvis d. celerium e. duro f. bonae g. princeps h. teneri i. vetera

7. a. ampliori/ampliore-amplissimo b. celeriorem-celerrimum c. duriorem-durissimam d. alacrior-alacerrimus e. clarioris/clariore-clarissima f. graciliorem/gracillimum g. peiores/peioris-pessimi h. maiorem-maximam i. meliori/meliore-optimo j. clarioribus-clarissimis k. minorem-minimam l. similius-simillimum

8. a. pulchrum-pulcherrimum b. melioris/-res-optimi c. similis-similior d. facilius-facillimum e. de-deterior f. claro-clarissimo g. pro-proximus h. minor-minimus i. boni-melioris/-es-optimi j. plurium-plurimarum k. amplus-amplissimus l. duriori/-e-durissimo

Das Adverb

1. a. sacre b. libere c. dure d. leviter e. celeriter f. bene g. alacriter h. integre i. severe j. fortiter k. aliter

2. a. noctu b. primum c. bene d. diu e. certe

3. a. difficilis b. rarus c. facilis d. severus e. primus f. verus g. sapiens h. integer i. fortis j. creber k. diligens l. bonus

4. b. leicht d. anders i. gut
5. a. ein wenig c. deswegen d. heimlich i. nachts j. heute
6. a. I b. III c. I d. II e. II f. II g. I h. I i. III j. III k. II l. III
7. a. propius-proxime b. pulchrius-pulcherrime c. diutius-diutissime d. magis-maxime e. melius-optime f. sapientius-sapientissime g. certius-certissime h. asperius-asperrime i. durius-durissime j. minus-minime k. diligentius-diligentissime l. sacrius-sacrissime
8. a. valde-magis b. melius-optime c. diligenter-diligentissime d. multum-plus e. sapientius-sapientissime f. difficilius-difficillime g. alacre-alacerrime h. prope-propius i. fortius-fortissime j. severius-severissime k. ferociter-ferocissime l. paulum-minus

Das Pronomen

1. a. Gen.Sg. b. Dat.Sg. c. Nom./Akk.Pl. d. Gen.Pl. e. Abl.Sg.
2. a. meis b. suos/sua c. nostro d. vestri
3. a. eis b. ea c. eo d. id e. ii/eos f. earum g. eius h. eorum
4. a. hoc omen c. hac nave k. hos patres
5. a. illo b. haec c. istorum d. illas e.hi f. ipsum g. hi h. illo i. eadem j. eadem
6. a. Nom.Sg./Pl.F. Nom./Akk.Pl.N. b. Dat./Abl.Sg.M./N. c. Dat.Sg.M./F./N. d. Nom.Sg./Pl.M.
7. a. quam b. quem c. quorum d. quod
8. a. quis b. quas c. quod d. cuius e. quam f. quos g. quae h. quem i. quo j. cui
9. a. alicuius b. cuidam c. aliquo d. quaelibet e. aliquorum f. quosdam g. quarundam h. quiddam i. quibuslibet j. aliquam k. quavis l. aliquem
10. b. d.

Das Zahlwort

1. a. omina b. epistulae c. legionibus d. opinioni e. amicos f. casum g. naves h. virorum
2. a. V b. XVI c. LIII d. XVIII e. LXXXVII f. XIV g. CCCXLVI h. LXXIII i. DCXXXIV j. MMMCCXXI
3. a. septendecim b. centum tres c. sexaginta quinque d. sescenti triginta duo e. viginti septem f. quadraginta tres
4. a. duobus viris b. duo bella c. duae puellae/duabus puellis d. cum duabus legionibus e. duobus libris f. duarum navium g. duae res
5. a. duo milia b. tres c. unum d. duobus e. tria f. uni g. unus h. unam
6. a. nonus b. septimus decimus c. trecentesimus d. millesimus e. octingentesimus quadragesimus
7. a. im Jahre 2005 b. im Jahre 1949 c. mit der dritten Legion d. das siebte Buch e. (mit) zwölf Schiffen
8. a. quattuor-quartus b. VIII-octavus c. DC-sescenti d. XIV-quartus decimus e. CCCCIII-quadringenti tres f. duodeviginti-duodevicesimus g. XXIV-viginti quattuor h. quadraginta septem-quadragesimus septimus i. XXXIX undequadraginta j. DC-sescentesimus k. quingenti-quingentesimus l. LXXVII-septuagesimus septimus

9. d. unum facinus g. unum oratorem k. duorum honorum l. duas res
10. a. 4 b. 6 c. 7 d. 1 e. 2 f. 5 g. 3
11. a. duo b. trium c. milia d. duobus e. duae/duas f. tribus g. duos h. uni/uno i. duorum

Das Verb I

1. a. 3.Pl.Fut.A. b. 3.Sg.K.Impf.Pl. c. 2.Pl.K.Impf.Pl. d. 3.Sg.K.Pr.A. e. 3.Sg.K.Pr.Pl. f. 2.S.K.Pr.A.
2. a. 3 b. 1 c. 4 d. 5 e. 2
3. b. d.
4. a. Cives Romani a consulibus in forum invitati sunt. b. A senatore oratio clara habita est. c. Eam non omnes laudaverunt. d. Senatus … leges novas dat.
5. b. c. g. h. j. k.
6. a. valetis b. habet c. laudabam d. verberaverit e. amavissem
7. a. 6 b. 1 c. 5 d. 3 e. 4 f. 2
8. a. III b. II c. I d. II e. I f. II
9. a. b. e.
10. c. d. f. h. i. k. Cicero
11. a. II b. I c. I d. I e. I f. II
12. a. 3 b. 4 c. 2 d. 1

Das Verb II

1. a. wir mögen schützen b. wir mögen bewundern c. sie werden regiert d. gestehe e. haben f. sie folgen
2. a. fatendus-fatens-fassurus b. vereri-verens-veriturus c. largiri-largiendus-largiens d. admirari-admirandus-admiraturus
3. a. sie hassen b. ihr seid gewöhnt c. es erscheint d. ihr kennt e. sie erinnern sich f. (er) sagt(e) g. es hat sich getroffen h. (er) hilft i. wir sind gewöhnt j. es macht einen Unterschied k. es gehört sich l. er haßt
4. a. III b. I c. II d. II e. I f. I
5. a. fertis b. feram c. ferret d. fers e. feret f. possunt g. potest h. possit i. posse j. poteris
6. a. ito b. poterit c. maluit d. potui e. istis
7. a. contendo-contentus-contendere b. augeo-auxi-auctus c. terreo-territus-terrere d. alui-altus-alere e. haurio-hausi-haurire f. respondi-responsus-respondere g. iubeo-iussus-iubere h. fugio-fugi-fugere i. sero-sertus-serere j. vinco-vici-vincere k. verto-versus vertere l. tango-tetigi-tangere
8. a. I b. II c. III d. II e. III
9. a. creatur b. expellit c. praefuerat, accusavit d. fuit, defendit
10. a. noli b. fatere c. misit d. lavat e. capito
11. b. c. e. g. j. Sulla
12. a. I b. II c. I d. I e. II f. I g. I h. II

Das Verb III

1. a. II b. II c. III d. I e. II
2. a. Scimus Marcum epistulam scripsisse b. Audivimus Augustinum quinto saeculo mortuum esse c. Constat Vergilium et Horatium poetas Romanos fuisse. d. Caesar dixit genus druidum in Gallia multum valere.
3. a. c. e. h. Roma
4. c. f.

5. a. legendos b. monendi c. scribendae d. eligendis e. vituperandam f. aspicienda g. delendum
6. b. d. g.
7. a. venturas esse b. gessisse c. audivisse d. expulsum esse e. vidisse
8. a. petentes b. posita c. facientes d. adductus
9. b. c. f. g.
10. a. victis b. ignaro c. consule d. facto
11. a. 3 b. 5 c. 1 d. 2 e. 4
12. a. V b. I c. IV d. III e. II

Die Präposition

1. a. extra b. ante c. apud d. cum e. de f. a, in g. sine h. ex
2. a. zusprechen b. beschriften c. loslösen d. hineintragen e. ausfüllen f. zurückhalten g. heranbewegen h. zusammenziehen i. durchschauen
3. a. II b. I c. I d. I e. II f. I g. I h. II i. II j. II
4. a. in b. sub c. per d. inter e. pro, apud f. intra g. circa
5. a. Galliam b. urbe c. silvas d. oculis, senatum
6. a. 5 b. 4 c. 2 d. 3 e. 1
7. a. secundum b. de c. cum d. trans e. praeter f. per g. infra h. apud i. ab j. in k. de
8. d. inter f. prae g. per
9. a. admovere b. perspexit c. inscribitur d. repellere

Die Konjunktion

1. a. sed b. etiam c. enim d. nam
2. a. Quod ... tuebantur b. Quod subvenerant c. Quamquam fuerat d. Quamquam abundabat
3. a. 4 b. 3 c. 1 d. 2
4. a. cum b. quod c. ne d. postquam
5. a. nisi b. ne c. quin
6. a. ergo b. verum c. at d. quamquam e. nisi
7. a. 4 b. 3 c. 1 d. 2
8. a. quod b. ne c. si d. quamquam e. dum
9. a. 3 b. 1 c. 4 d. 2
10. a. quod b. priusquam c. quamquam d. cum e. nisi f. dum g. ut h. postquam i. quin j. si

Die Satzglieder

1. a. existimabatur b. videtur c. creabantur d. appellatus est e. putantur
2. a. tranquillitatem animi b. urbem Romam c. amicis d. Reginae e. omnibus civibus
3. a. aequabat b. iuvat c. deficiunt d. ulciscebatur e. secuti sunt
4. b. d. e.
5. a. Pompeio c. philosophiae e. Catilinam
6. a. capitis b. auxilio c. pellibus d. consulatu e. orationum f. Romanorum
7. a. 2 b. 3 c. 1 d. 4
8. a. philosophus summo ingenio b. murus magna altitudine c. canis magna vigilantia d. equus summa celeritate e. orator summa eloquentia
9. a. 2 b. 4 c. 1 d. 3
10. a. Ausgangspunkt b. Trennung c. Ort d. Zeitpunkt e. Mittel f. Ursache
11. c. ex

Die Satzarten

1. a. A b. B c. F d. B e. A

2. a. R b. P c. I d. I e. R

3. a. G b. V c. G d. G e. G

4. a. esto b. egredere c. amate d. probato e. ades f. refer

5. a. Ne veneritis b. Ne miseris c. Ne fueris d. Ne audiveritis e. Ne desperaveritis f. Ne petiveritis

6. a. Sumus b. Non est c. Volo d. Scio e. Scribimus

7. a. Num ... b. Nonne ... c. ... ne ... d. Nonne ... e. Num ... f. Nonne ....

8. a. Nolim hoc facere potueris b. Utinam res stetisset c. Velim epistulas miseris d. Malim libros legeritis e. Nolim tempus perdideritis f. Utinam Caesar et Pompeius Pompeius amicitiam servavissent. g. Velim amphitheatrum visitaveris h. Nolim pluverit

9. a. an Caesari b. an vituperanda est c. cum amicis d. an vestra e. an epistulas

10. a. Nollem hanc orationem haberes b. Utinam non Romam venires c. Vellem cauti essetis d. Utinam di bene vertant e. Nollem caderes f. Vellem bellum civile non oriretur g. Nollem tempus fugeret h. Vellem tuas epistulas legerem

Das Satzgefüge

1. a. 3 b. 4 c. 6 d. 1 e. 2 f. 5

2. a. 6 b. 7 c. 2 d. 3 e. 1 f. 4 g. 5

3. a. quod b. cum c. ut d. ne e. Si f. Dum

4. a. 4 b. 5 c. 1 d. 2 e. 3

5. a. veniat b. sit c. desideraret d. fuerint e. fuissent

6. a. 4 b. 6 c. 9 d. 5 e. 2 f. 8 g. 3 h. 1 i. 7

7. a. S b. O c. A d. A e. A f. O

8. a. 3 b. 6 c. 4 d. 5 e. 2 f. 7 g. 1

REGISTER

Dieses Register ist zugleich ein Lexikon der grammatischen Ausdrücke: Bei allen lateinischen Fachbegriffen stehen jeweils die deutschen Übersetzungen.

A

B

G

H

I

J

K

L

M

N

O

P

R

S

T

U

V

W

Z